知识迁移与高等教育慕课教学策略

KNOWLEDGE TRANSFER AND TEACHING STRATEGIES OF MOOC IN HIGHER EDUCATION

武晶晶◎著

中国经济出版社
CHINA ECONOMIC PUBLISHING HOUSE
北 京

图书在版编目（CIP）数据

知识迁移与高等教育慕课教学策略 / 武晶晶著 . --
北京：中国经济出版社，2023. 7（2025. 4 重印）
ISBN 978-7-5136-7436-2

Ⅰ. ①知… Ⅱ. ①武… Ⅲ. ①高等教育-网络教学-
教学研究 Ⅳ. ①G642. 4

中国国家版本馆 CIP 数据核字（2023）第 160277 号

责任编辑　张利影
责任印制　李　伟
封面设计　华子

出版发行　中国经济出版社
印 刷 者　北京艾普海德印刷有限公司
经 销 者　各地新华书店
开　　本　710mm×1000mm　1/16
印　　张　12. 75
字　　数　210 千字
版　　次　2023 年 7 月第 1 版
印　　次　2025 年 4 月第 2 次
定　　价　86. 00 元
广告经营许可证　京西工商广字第 8179 号

中国经济出版社 网址 www. economyph. com 社址 北京市东城区安定门外大街 58 号 邮编 100011
本版图书如存在印装质量问题，请与本社销售中心联系调换（联系电话：010-57512564）

前　言

苏格拉底说：教育不是灌输，而是点燃火焰。教学的目的并不是要给学习者灌输解决固定问题的技能，而是要点燃学习者举一反三的智慧，启发他们形成解决复杂问题和新问题的认知迁移能力。21 世纪以来关于学习科学的两本里程碑式的著作《人是如何学习的——大脑、心理、经验及学校》与《剑桥学习科学手册》都开辟专门章节阐述了迁移问题及促进学习者迁移的意义所在，指出迁移的实质是灵活运用知识，是帮助学生解决新问题，是为未来的新学习作准备。知识迁移被认为是有效学习发生的重要标志。

当前，慕课已经成为教育领域不可或缺的重要组成部分。慕课起源于世界著名的高等学校，它以大规模在线课程的形态突破了时间和空间的限制，使各个校园资源连接共享，慕课运动的发展加速了优质高等教育的全球化。与此同时，慕课与在线学习的普及使得快餐式学习、碎片化学习更为普遍。随着慕课的深入发展，人们对慕课教学设计关注的视域不再仅仅局限于知识授递层面，而将目光投射到关注学生的知识迁移和问题解决能力的培养上。近年来，随着学习科学研究的逐步深入，浸入网络学习环境、改进慕课教学策略，提升在线学习的效果，帮助学习者实现面向问题解决能力的知识迁移，成为一个非常重要的研究课题。慕课教学设计面临的重要挑战在于：如何通过教学设计来更好地促进学习者的知识迁移，帮助学习者更加有效地用所学知识解决或改进新情境中遇到的诸多问题，从而实现专业发展和终身学习目标。探究致力于知识迁移的慕课在线学习的有效策略，成为当下亟待解决的理论和现实问题。

要促进慕课中的知识迁移，首先需要明确一个根本性问题——知识迁移是如何发生的，在教学中影响迁移发生的关键要素是什么。以往关于慕课的研究中对于知识迁移问题的研究还较为匮乏。本书从学习发生过程考察迁移的机制，聚焦于学习发生的内在认知过程，从系统化的视角分析了包括目标导向、知识输入、知识输出、外部情境、内部监控5个方面在内的迁移认知过程及内在机制。在深入剖析迁移认知机制及以迁移为目的学习过程所具有特征的基础上，进一步从教学促进迁移的角度，提出了教学中应重点关注的“目的、组织、情境、心向、提取、应用”六要素，构建了一个促进知识迁移的教学要素框架，为后续的策略研究奠定了理论基础。在此基础上，分析了慕课所具有的大规模在线学习、师生分离、多媒体呈现以及具有完整课程构成要素等特征，以学习迁移理论、深度学习理论和多媒体学习理论为指导，分别从明确目标、有机组织、情境认知、建立心向、激活提取和迁移应用六个方面提出了促进知识迁移的若干具体教学策略，对每条策略进行了理论阐释并结合慕课案例进行了应用分析。本书采用教学对比实验对慕课中促进迁移的教学策略的迁移效果进行了实证测试和回归分析，检验了研究提出的教学策略对慕课中促进知识迁移的有效性。

本书选取了知识迁移和高等教育慕课教学的交叉研究视角，关注了慕课中的知识迁移问题，衔接了学习心理学、教学论和教育技术之间的交叉联系；综合分析了迁移的发生过程和内在认知机制，构建了由六要素组成的促进迁移的教学要素框架，明确了促进慕课教学中知识迁移的理论思路和实践路径；提出了一套慕课中促进迁移的教学策略，并通过实证研究验证了其有效性。

本书认为，迁移的本质是基于“学习”过程的，促进知识迁移应当以“学生学习”为中心，建立在学习科学基础上；迁移认知过程是一个有机系统，应当包含迁移导向、知识获得、知识提取应用、外部情境、内部监控等相互影响、相互作用的因素；着眼于“教学”角度促进知识迁移，慕课课程需要从与迁移认知过程相对应的多个教学要素角度发力，协同促进；结合慕课特点，应从明确迁移目标、促进有机组织、促进情境认知、促进心向建立、促进激活提取和促进迁移应用等方面采取一系列具体教学策略；根据实证研究结果，慕课教学策略、学习者学科基础和学习者迁移能力都是与迁移结果正相关的因素，慕课教学策略是影响知识迁移的显著要素。

本书的研究成果对慕课课程的设计制作、慕课的评价与管理、慕课的教学实践与改进等方面具有一定的启示与借鉴作用，为慕课课程设计制作者提供促进知识迁移的系统设计思路借鉴，为慕课教师提供促进知识迁移的实践路径参考和教学策略支持，为慕课管理评价者提供理论启示与评价指标参考。

在本书编写过程中，尽管秉承着科学严谨的态度力求准确性和实用性，但在成书交稿之际，仍然有许多不尽满意之处，书中也一定存在不足和疏漏之处，恳请各位专家及读者批评指正。本书的编写工作得到了多位专家的指导，参阅了许多学者的著作，在此一并致谢。

目　录

第 1 章　绪论 …………………………………………………………（1）

1. 1　研究背景与意义 ……………………………………………（1）

1. 2　研究内容与方法 ……………………………………………（12）

第 2 章　慕课的特点分析及研究现状 ……………………………（17）

2. 1　慕课的特点分析 ……………………………………………（17）

2. 2　慕课的研究现状 ……………………………………………（21）

第 3 章　促进慕课中知识迁移的相关理论 ………………………（26）

3. 1　学习迁移理论 ………………………………………………（26）

3. 2　深度学习理论 ………………………………………………（30）

3. 3　多媒体学习的认知理论 ……………………………………（32）

第 4 章　迁移的机制及内在认知过程剖析 ………………………（36）

4. 1　关于迁移的机制研究 ………………………………………（36）

4. 2　知识迁移的内在认知过程剖析 ……………………………（50）

4. 3　利于知识迁移的学习过程特点分析 ………………………（60）

第 5 章　促进知识迁移的教学要素框架 …………………………（67）

5. 1　促进知识迁移的关键要素框架构建 ………………………（67）

5. 2　明确目标：以实现知识迁移为目的 ………………………（69）

5. 3　有机组织：形成良好认知结构 ……………………………（70）

5. 4　创设情境：识别前后应用情境 ……………………………（75）

5. 5　建立心向：发挥元认知监控作用 …………………………（76）

5. 6　强化提取：丰富提取知识线索 ……………………………（78）

5. 7　促进应用：促进解决新的问题 ……………………………（80）

第6章　慕课中促进知识迁移的教学策略 …… (82)
6.1　明确迁移目标的教学策略及慕课案例 …… (83)
6.2　促进有机组织的教学策略及慕课案例 …… (87)
6.3　促进情境认知的教学策略及慕课案例 …… (98)
6.4　促进心向建立的教学策略及慕课案例 …… (105)
6.5　促进知识提取的教学策略及慕课案例 …… (113)
6.6　促进迁移应用的教学策略及慕课案例 …… (120)
6.7　本章小结 …… (128)

第7章　大学慕课中促进知识迁移策略的实证研究 …… (131)
7.1　实验设计 …… (131)
7.2　问卷设计、信效度检验及数据处理 …… (136)
7.3　样本一分析 …… (141)
7.4　样本二分析 …… (151)
7.5　慕课课程的评价分析 …… (161)
7.6　本章结论 …… (170)
第8章　结论与展望 …… (172)
8.1　研究结论 …… (172)
8.2　应用前景 …… (176)
参考文献 …… (179)
附　录 …… (190)
附录1　大学生数学迁移能力调查问卷 …… (190)
附录2　慕课课程评价调查问卷 …… (193)
附录3　“中心极限定理”知识点迁移测试题 …… (194)
索　引 …… (195)

第1章　绪论

1.1　研究背景与意义

1.1.1　研究背景

苏格拉底说：教育不是灌输，而是点燃火焰。教学的目的并不是要给学习者灌输解决固定问题的技能，而是要点燃学习者举一反三的智慧，启发他们形成解决复杂问题和新问题的认知迁移能力。在学习、工作和生活中，一个人常常会遇到与以往学习不同的新问题，他不能简单地复制知识并投射到新问题和新情境中，而必须在储备必要知识与技能的基础上培养知识迁移的能力。

迁移研究一直是教育领域关注的重要问题，21世纪以来的两部里程碑式的著作《人是如何学习的——大脑、心理、经验及学校》与《剑桥学习科学手册》都阐述了迁移问题及促进学习者迁移的意义所在，指出迁移的实质是灵活运用知识，帮助学生解决新问题，为未来的新学习做准备。美国著名教育心理学家、哈佛大学教育研究生院资深教授戴维·珀金斯（David N. Perkins）在《为未知而教，为未来而学》一书中指出，真正的学习是如何让值得学习的知识在生活中融会贯通，这样的面向未来的学习和教学才是有价值的。培养学生面向未来的知识迁移能力是人工智能时代重要的理论与实践课题。

世界范围内信息技术的迅猛发展与升级创新在将人类带入人工智能和数

字知识新时代的同时，也深刻地影响到未来劳动力市场对人才能力的重新定义。《科学》杂志曾预测，到2045年，全球平均会有一半的劳动岗位被人工智能技术替代。人工智能时代促使我们对“教育要培养什么样的人”这一问题进行新的思考。如果教育仅仅是用来传授知识、应付考试，那么这样培养出的人大部分会被智能机器人取代。人工智能给教育带来的最大改变，在于其对教育提出了新的挑战，让我们重新定义人的价值、重新判断知识的价值、重新思考教育的本质。2020年12月，《光明日报》刊登的文章《人工智能时代的教育怎么变》指出，面对第四次工业革命，人工智能、数字革命给每个国家和社会带来的变革，创造力是未来教育的核心，而所谓掌握知识，重在寻求意义和促进理解，尤其是要学会迁移。可迁移能力是指学生个体将所学的知识应用于新情境或新环境，以解决新问题时所体现出来的素养和能力。它包含对新情境的感知和处理能力，已有知识、技能与新情境的衔接能力，对新问题的认知、反思与解决能力等内容，是可持续发展能力的重要表征。在人工智能时代，知识的价值已经发生了变化：对于每个个体而言，我们知道什么、我们所知道的那些知识已不再有价值，因为这些知识可以随时通过互联网被查阅到。知识价值的变化，引发了人的价值的变化：随着人工智能的发展，机械记忆知识的任务交给了机器，人的能动性和迁移能力将成为人工智能时代真正稀缺的东西。这要求教育不仅仅要关注学生基本知识和专业技能的培养，还要关注学生的可迁移能力的养成。

当前，慕课及在线教育已经成为教育领域不可或缺的重要组成部分。与此同时，在线学习的普及使得快餐式学习、碎片化学习更为普遍。黄荣怀等在《网上学习：学习真的发生了吗?》中指出，“许多网上的学习并没有真的发生。即使发生了，也只是表面的学习，而没有深层次的学习”。如何提升在线学习的效果，帮助学习者实现面向问题解决能力的知识迁移，成为一个非常重要的研究问题。慕课起源于世界著名的高等学校，它以大规模在线课程的形态突破了时间和空间的限制，使各个校园资源连接共享，使名校、名师、名课不再局限于传统单一的教学范围，这种在线课程突破了时空限制，较完整地实现了课堂教学的网络化，为优质教育资源的传播提供了良好平台，使得全国各地乃至世界各地的学子都有机会学习知名大学、知名专家开设的课程，并有机会获取喜欢的课程的结业证书，甚至获得知名大学的学分。慕课是信息技术与教育教学深度融合的具体体现，已经成为世界网络教育资源的重要组成部分。

慕课教学设计面临的重要挑战在于，如何通过教学设计来更好地促进学习者的知识迁移，帮助学习者更加有效地用所学知识解决或改进新情境中遇到的诸多问题，从而实现专业发展和终身学习目标。探究致力于知识迁移的慕课在线学习的有效策略，成为当下亟待解决的理论和现实问题。

具体来看，为什么要研究促进慕课中的知识迁移的策略？可从慕课的现实问题、慕课发展阶段、教育信息化发展、学习本质四个方面来考察。

（1）从现实问题来看：慕课中促进知识迁移的教学设计存在不足

慕课发展到今天，数量喷薄增长的同时带来的是质量良莠不齐的问题，特别是慕课的教学设计呈现明显不足。王树新在中国慕课大会上指出，目前的很多慕课是为老师设计的，不是为学生设计的，学生的体验感并没有体现出来。慕课与教学需求之间还有很大的差异。赵馨蕊指出，慕课在教学目标达成度、教学内容适切性、评价与反馈贴切度方面都存在不足。传统课堂的照搬照抄势必无法跟上网络学习的步伐，课程团队应在课程设计上下功夫，把握学生的学习规律。韩锡斌、程璐楠、程建钢对慕课进行了教育学视角分析与设计，指出慕课教学设计还存在很大的问题。当前慕课存在“教学目标和教学内容单一化、教学方法较为传统、师生交互缺失等设计问题”。刘世清、李娜研究了成功慕课的基本条件与应对策略，指出“良好的教学设计才是吸引学习者的关键因素”，当前慕课面临的亟待解决的问题是，“缺乏合适的理论指导，尤其是缺乏教学设计的理论和方法”，这是非常让人担忧的。约翰·巴格利在对慕课热潮反思中提到，霍尔顿指出，没有一家慕课运营商雇用过曾接受教学设计、学习科学、教育技术、课程设计方面培训的人员，或者其他教学专家来帮助他们进行课程设计，而是雇用了一大批程序员和教师，抱着各种目的参与到这场开放教育实验中。李艳红认为，基于知识地图的整体思维设计开发慕课课程，更能使慕课学习者获得清晰的知识结构以及明确的学习方向，但现行慕课中许多知识的呈现过于碎片化。刘伟、戚万学、宋守君在对知识迁移的深度学习探究中指出，互联网学习对知识迁移存在阻隔，表现在互联网学习的碎片化、师生交互虚拟化、学习缺乏共时性、学习浅层化。教育时间的碎片化使发生深度学习的机会和时机越来越少。师生交互的虚拟化、教与学的时空分离，交互的结果往往是不完整、不真实的，既不能给学习者切实的成功感和满足感，也会大大降低深度学习发生的可能性。没有经过良好设计的在线学习很容易让学习者对内容一目十行或略过思考过程直奔答案，从而丧失了主动探寻知识、构建知识体系的机会。这种浅层化和快餐化的学习，会潜移默化地影响学习者的学习心理和思维方式，使学习者不能沉下心来研读所接触的内容、无法深入思考相关问题，自然也就难以形成批判性思维能力，更谈不上知识的实质性迁移应用。许欢在国内高校在线课程建设理念演化研究中指出，慕课在评价设计上存在重“量”不重“质”的问题，很多学习者为了获得加分而在学习论坛发帖或跟帖，论坛讨论区的实际讨论质量并不高，这反而使得真正有效的问题被其他大量的“水帖”淹没，导致慕课的交互性体验不佳。本书在国家智慧教育平台上，以“概率论与数理统计”为课程题目搜索，共有 98 门慕课。其中，国家精品课程 14 门、普通课程 84 门。根据其选课率、课程评分及评论区评论，横向对比这 98 门同一教学内容的慕课，会发现其中的教学设计质量和教学效果差异巨大。

通过对文献研究和对中国大学 MOOC、学堂在线等主流慕课平台上课程的研究分析，当前慕课在教学设计方面存在的问题体现在如下几个方面：

一是在设计理念方面。大量的慕课教学设计注重对知识的“传输、传递、传播”，教学过程主要还是单向的、一维的，对学生的“学”关注不够。当前慕课设计对学习者分析、教学内容分析、学习情境设计、学习过程设计、活动设计及评价反馈等核心环节的重视仍存在不足。调查显示，相当一部分慕课在设计制作时站在教师“教”的立场，而不是以学生学习为出发点，缺乏真实问题情境设计和教学活动设计等。有的慕课教学设计还简单套用线下课堂教学设计的理论和方法，而不是结合互联网教育特点和慕课的结构特点进行有针对性的教学环节设计。

二是在内容呈现方面。录像搬家现象较为普遍，教学视频含金量不够高，没有结合网络的多媒体非线性等特点对知识呈现进行优化改造；存在传统化讲解知识、创设情境不够的问题，慕课视频与游戏化、虚拟仿真整合的设计仍不多见；在知识碎片化呈现的背景下，对知识点的组织还不够合理，如有的知识点的颗粒度划分过粗或过细，没有合理承接先前知识，也没有注意引出后续知识点，相对而言呈现出知识孤岛态势，没有实现一门课程知识点的有效衔接。此外，对知识的精细加工不够，没有充分发挥多媒体教学认知的理论作用，充分利用信息手段促进知识加工的内在过程等，在师生分离情境下，容易使学习者停留在浏览、知晓的肤浅学习层面。

三是在交互设计方面。教育交互还存在明显不足，师生之间、生生之间的同步交互与深度交互尚有欠缺。虽然慕课设有论坛区和答疑区，但实质性交互比较简单，交互设计与教育服务还不能满足慕课学习者的要求，多数课程的线上辅导教师数量明显不足。在慕课的嵌入式交互中，还存在及时练习和反馈不够、适时提问不够、对学生的奖励不及时、效果不明显等问题。

总体来看，当前的慕课中更注重知识传授，对于学生知识迁移能力的培养关注较少，对于如何促进知识应用、提升迁移能力的教学策略设计存在欠缺，慕课中促进知识迁移的教学策略研究亟待提升。

（2）从慕课发展阶段来看：慕课已经从规模扩张转向内涵提升

2005 年，加拿大曼尼托罗大学出现了大规模开放在线课程的雏形。2012 年被《纽约时报》命名为“慕课元年”，在这一年，世界范围内的慕课浪潮席卷而来，全球教育界纷纷加入慕课平台。自 2013 年，我国启动并不断加强慕课建设，逐步形成了“高校主体、政府支持、社会参与”的建设模式，积累了丰富的慕课建设经验与课程资源。

2020 年 12 月，首届世界慕课大会指出，经过 8 年的发展实践，中国慕课数量和学习规模已位居世界第一。此时，我国上线慕课数量超过 3. 4 万门，已经建立起覆盖所有专业门类的慕课体系。2022 年 12 月，在第三届世界慕课与在线教育大会上，教育部指出，慕课发展十年来，中国在线教育日新月异，中国慕课数量已经达到 6. 19 万门，注册用户超过 3. 7 亿人。十年间，慕课数量增加了上万倍，注册用户增加了上百万倍。以慕课为牵引，中国推动高校持续深化教育教学改革，在全国高校掀起了一场学习革命，正在改变教师的教、学生的学、学校的管和教育的形态。特别是2022年中国教育部启动实施了教育数字化战略行动，利用丰富的慕课资源，建设上线了全球最大的国家高等教育智慧教育平台，已经成为中国高等教育提高质量、推进公平、改进方法、变革模式、深化合作的关键抓手。

在慕课全球发展的征途中，中国后来居上，跑出了慕课的“中国速度”，再出发，中国慕课怎么走？在后疫情时代，我们更要超前识变、积极应变、主动求变，在慕课发展的转型阶段，促进中国慕课从数量的迅猛扩张转向内涵建设和质量提升。中国慕课大会指出，慕课的进一步发展，关键在于提高质量、推进公平，中国慕课坚持有质量的公平和有公平的质量的教育原则，要让优质教学资源惠及大学围墙内外的每一位学生。当前，慕课已经从规模扩张走到了加强内涵建设、提升教学效果的关键阶段。

近年来，我国积极推进慕课配套制度建设，为慕课高质量健康发展提供了有力保障，先后发布《教育部关于加强高等学校在线开放课程建设应用与管理的意见》《高等学校慕课建设与应用指南》《慕课建设与应用指南》等制度规范，激励广大教师积极投身教学改革与创新，强化在线学习过程和多元考核评价的质量要求，有力保障了慕课健康发展，为高质量慕课建设提供了框架标准。教育部提出中国慕课坚持集中最好的大学、最好的团队、最好的教师的建设原则，旨在打造慕课中的“金课”。《中国慕课行动宣言》的结束语是：来上我的课，我是中国慕课！来上我的课，我是中国金课！

要打造慕课中的金课，迫切需要促进慕课的规范化、标准化、内涵提升；迫切需要面向深度学习，提升迁移水平，提高学习质量；迫切需要面向学习者，从学生的学习本质出发开展慕课深层次的教学设计、内容设计、教学策略研究。

（3）从教育信息化发展来看：高质量慕课建设成为必然要求

我国历来从战略上重视信息技术发展及其对教育的革命性影响，近20年来先后颁布了一系列重要政策，采取了一系列重要举措，利用信息技术，以在线开放课程为重要载体，多方位、多角度创新高等教育形式，提高高等教育质量，取得重大进展。自21世纪以来，根据教育部颁布的相关文件时间节点，可以将我国在线教育课程发展阶段划分为三个时期：精品课程时期（2003—2011年）、精品开放课程时期（2011—2015年）和在线开放课程时期（2015年至今）。从关键节点看，其与世界在线高等教育课程的发展节奏基本保持一致。自2015年以来，国家更是出台了一系列信息化文件，大幅提升了信息化教育的地位、作用与战略要求。新冠疫情的暴发，推动了我国在线高等教育的迅猛发展，更加快了我国在线高等教育国际化的步伐，越发凸显了在线教育的重要性，发展高质量的信息化教育，已经成为国之大计。

2015年，《教育部关于加强高等学校在线开放课程建设应用与管理的意见》指出，建设大规模在线开放课程（以下简称慕课）是落实立德树人根本任务、提高人才培养质量的重要抓手，更是加快实现高等教育现代化、建设高等教育强国的关键一招。

2016年，国务院先后印发《国家信息化发展战略纲要》和《“十三五”国家信息化规划》。

2018年，《教育信息化2.0行动计划》发布，将教育信息化作为教育系统变革的内生变量，支撑引领教育现代化的发展，推动教育理念的更新、模式变革和体系的重构。

2019年2月，《中国教育现代化2035》发布，提出建设智能化的校园，统筹建设一体化、智能化的教学管理和服务平台，利用现代技术加快推动人才培养模式的改革，实现规模化教育与个性化培养的有机结合，推进教育治理方式的变革，加快形成现代化的教育管理与检测体系，推进感觉的精准化和决策的科学化。

2019年4月9—10日，中国慕课大会召开，教育部发布《中国慕课行动宣言》，以“质量为王、公平为要、学生中心、教师主体、开放共享、合作共赢”总结中国慕课建设的重要经验，并对下一步发展提出了“中国标准”。

2020年，在中国召开的首届世界慕课大会发布了《慕课发展北京宣言》。

会议指出，在全球教育创新的实践中，慕课正在成为推动高等教育变革的重要引擎，不仅助力中国高校成功应对了疫情危机，而且为今后建设全民终身学习的高质量教育体系积累了宝贵经验。

2021年12月、2020年12月，第二届、第三届世界慕课与在线教育大会在北京相继召开，指出大学应该积极推动高等教育机构共享优质教育资源、创新的模式理念以及先进的信息技术，共同推动实现更加普惠的高质量教育。应当采用在线教育与融合式教育方式，推动更多优质高等教育资源成为公共产品，促进教育公平。要深化技术应用，重塑高等教育形态，要完善标准规范，推动在线教育创新健康发展，扩大开放合作，构建全球教育共同体。

《中国教育现代化2035》为高等教育确立了发展蓝图和目标。面向未来，中国慕课发展愿景也提出要进一步融合人工智能、虚拟现实等技术，创新慕课学习内容、模式和方法，开辟慕课未来发展新境界。作为在线教育的重要组成部分，中国慕课不仅要在教育信息化飞速发展的征途中扮演重要角色，而且作为以高校为主体开发的在线教育形式，还应承担起在线教育的质量担当。

（4）从学习本质来看：技术是手段，学习内在过程是核心，迁移是目标

在教育技术发展过程中，历次教育技术的革新最终都会带来一个问题和质疑，就是归结到“技术到底能否改变教育?”这一深层次问题。无论应用何种技术（纸质印刷品、幻灯片、早期计算机、PPT、互联网、网络课程），最终发生学习的是“人”，人的大脑、心理、认知结构发生了变化，真正的学习才会发生，外在技术只是媒介。

技术对教育的影响最终会归结到“人究竟是怎么学习的，怎样才能促进有效的学习”这一根本性问题。学习心理学对于人的学习过程进行了几百年的探究，从行为主义、认知主义到建构主义再到学习科学，不断探究学习过程的本质，挖掘深度学习和有效学习的内涵，逐步揭示了学习这一过程的内在机制。无论外在技术如何变化，最终都要通过人脑对知识的内在加工过程发挥作用，技术的实质只是工具。人脑有加工知识的自身规律，技术所不能取代的东西就是教育的本质所在。

从这个意义上来说，只有面向学习本质，从人类学习过程的内在机制出发，结合相应技术手段的特点和优势，设计能够促进学习的教学内容、呈现方式和学习活动，才能真正实现信息技术与教育教学的深度融合，使学习者真正受益。学习的目的在于实现迁移，即将学校学习的知识迁移到家庭、迁移到工作中。迁移是学习的高阶目标，是学习科学关注的重要内容，也是有效学习的一个标志。

总之，从慕课面临的现实问题、中国教育信息化发展的迫切需求、网络教育的学习本质反思等方面来看，研究和改进慕课中促进知识迁移的水平都是亟待破解的问题。学习迁移有其自身的内在机制和规律，“为迁移而教”不仅应当体现在传统课堂中，更应当体现在受众广泛的在线教育中，应当循着迁移产生的过程和内在机制，对其进行合理的教学设计，采取科学的教学策略，促进知识迁移的产生，切实提升慕课学习者的知识迁移效果。

1.1.2　理论意义

在理论意义方面，本书关注目前教育心理学与网络教育相结合的交叉地带，有助于丰富教育心理学运用到网络教育中的理论研究，有助于深化网络教育面向学习本质、促进知识迁移的理论探讨。

(1) 拓展了教育心理学和网络教育交叉领域的理论研究

在理论研究方面，目前既有对迁移的理论研究，也有对慕课的研究，但把二者相结合的研究十分少见，本书将教育心理学的理论研究运用到网络教育中，这一交叉领域的研究在选题和理论研究方面都具有探索性意义。

(2) 深化了学习者发生知识迁移的内在机制及其相互关系的系统化探究

在知识迁移的理论研究方面，以往多是关于各个迁移流派的研究，以及影响迁移的外在因素研究。从研究迁移的内部机制入手，系统性地梳理迁移产生的具体内在心理机制，并厘清若干机制相互之间的关系，这类研究还比较少见。本书是在本领域对知识迁移机制系统研究的有益深化。

（3）丰富了网络教育中促进知识迁移的理论研究

网络教育发展到今天，除教育形态的不同、师生与生生之间时空的分离、知识呈现介质的变化、多媒体非线性时时在线等传输特质外，教育的本质并没有发生变化，学生学习时发生的大脑、认知结构、心理等方面的改变也具有本身不变的特性，把学习科学、教育心理学的原理运用到网络教育中，改进网络教育的内在质量以及对学生学习的适应性，这是网络教育理论研究应有的发展方向，也是目前亟待深化研究的一个领域。

1.1.3 实践意义

慕课既包含教学内容，又包含教学过程，并于内容组织和教学过程中渗透着不同的教学策略，体现着不同的教学思想。慕课不是教学内容的简单堆砌，而应该包含对教学内容的深层次挖掘和对教学过程的引导。从实践层面看，本书有助于从教育心理学的角度改进慕课的建设与评价。

（1）提出了促进知识迁移的策略体系，形成了一个策略库

本书探究了迁移产生的机制和促进迁移的条件，提出了促进知识迁移的策略体系，形成了一个策略库，可供教育工作者在教学设计实践中根据需要安排促进迁移的教学策略，有助于提高学生的学习质量和知识的可迁移程度。

（2）提供了慕课高质量开发与评价的参考依据

当前，国内外都意识到要为在线教育制定质量和评价标准，提升在线教育的制作质量和学习效果。美国 Lynette Gillis 博士为主创者的著名教学设计与适用专业委员会建立的认证标准——《在线学习的认证标准》（*E-Learning Certification Standards*）等，将“迁移”确立为衡量网络课程质量的一个重要标准。

在我国，教育部高等学校教学信息化与教学方法创新指导委员会（以下简称教指委）制定了《高等学校慕课建设与应用指南》，明确了优秀慕课评价参考准则，指出优秀慕课要开展课程教学内容与教学方法创新，深度融合信息技术与教育教学，形成具有创新性、高阶性和挑战度的课程，教学设计要

精益求精。

在实践中，究竟怎样才能促进信息技术与教育教学的深度融合，促进教育心理与网络教育的深度融合，促进高阶性课程的打造，促进教学设计的精益求精？本书从实践层面提出了可供参考使用的促进知识迁移的教学设计的考察点和教学策略体系，能够促进高质量慕课设计与开发落到实处，为慕课的建设与评价在知识迁移观测点方面提供更加可行、更加细化的参考依据。

（3）提供了促进慕课中知识迁移的一种实践路径

在慕课设计中，应当将促进迁移的教学策略渗透到慕课的内容和结构中，在学习过程中由慕课引导和促进学生形成迁移能力，这是慕课的内在本质对教学设计提出的要求，也是打造慕课中的“金课”的必由之路。本书结合慕课自身的特点和知识迁移的内在机制，对慕课中促进知识迁移的教学策略应用进行了逐条分析，并进行了具体的案例研究和应用研究，给出了慕课中促进知识迁移策略的应用原则和应用建议，为建设慕课中的“金课”提供了可参考的实践路径。

1.1.4　学术价值

一是选取教育心理学与网络教育交叉的视角，关注慕课中知识迁移能力的提升。当前的学习科学已经融入了教育神经科学、脑科学、认知科学等多个领域的学科，也使得多学科与慕课建设的交叉研究成为可能。本书从技术促进教育的“学习本质”角度考量，选取学习者“学”的视角，关注了目前鲜有研究的慕课中的知识迁移能力提升问题，衔接了学习心理学、教学论和教育技术之间的交叉联系。

二是综合分析了知识迁移的认知过程和内在机制，构建了由六要素组成的促进迁移的教学要素框架，明确了促进慕课教学中知识迁移的理论思路和实践路径。内在机制是决定迁移产生的关键因素。本书将视角深入认知心理内部，分析梳理了迁移产生的认知过程和内在机制，并尝试厘清迁移机制之间的关系，在此基础上构建了促进知识迁移的教学六要素框架，为今后着眼于促进迁移的研究或实践提供了理论框架参考，为促进知识迁移的策略安排提供了思路并指明了方向。

三是提出了慕课中促进知识迁移的具体教学策略，并通过实证研究验证了其有效性。根据本书分析的知识迁移产生的认知过程的有机系统，按照所提出的促进迁移教学要素框架，在深入分析慕课特征的基础上，提出了一套促进知识迁移的教学策略，即明确迁移目标的策略、促进有机组织的策略、促进情境认知的策略、促进心向建立的策略、促进激活提取的策略和促进迁移应用的策略。以上教学策略既具有一定的系统性，又具有各自独立使用的价值。在此基础上，本书进一步对以上策略开展了慕课应用案例分析及对比班的实证研究，对于促进慕课中知识迁移的理论研究和实践应用都具有一定的借鉴意义和参考价值。

1.2 研究内容与方法

1.2.1 研究内容

在信息化教育快速发展的背景下，在慕课走到由数量扩张到质量提升的关键转折期，迫切需要教育工作者从“学习本质”出发，以学生学习的内在过程为出发点，聚焦于学生在慕课中的“学习过程”本身，以“培养知识迁移能力”为着眼点，探寻知识迁移发生的内部机制，结合慕课自身的特点，以“教”促“学”，为慕课制定能够促进知识迁移发生的有效教学策略，从而培养学生知识迁移能力。沿着这一逻辑思路，本研究重点关注的问题有：知识迁移的内在过程是什么样的？如何促进学生在慕课学习中知识迁移能力的提升？应采取什么样的策略以促进慕课中学生所学知识的有效迁移？

具体问题包括：迁移的内在过程和机制是什么？在教学中应关注哪些关

键要素以促进知识迁移？如何描绘迁移发生的机制及教学要素相互之间的关系？从迁移的内在机制和教学要素出发，哪些策略可以促进有效迁移的发生？慕课中如何运用这些教学策略及运用效果如何？

由此衍生的研究内容主要包括三个方面：迁移的内在机制研究、促进迁移教学策略体系构建、迁移策略在慕课中的应用分析。通过迁移内在机制的梳理探析、迁移机制之间相互关系研究、机制之间相互关系的模型构建、促进知识迁移的教学策略体系构建、迁移策略在慕课中的应用的案例分析和实证分析等研究，最后得出结论并做出应用展望。

具体分为以下三部分：

一是迁移机制模型。梳理分析迁移产生的内在机制，构建一个机制之间的相互关系模型。这部分属于理论探析。

二是教学策略体系。从迁移机制及其内在关系出发，提出一套促进知识迁移的教学策略体系。这部分属于理论研究。

三是慕课应用分析。结合慕课自身所具有的形态特征和教育特点，对促进知识迁移的教学策略在慕课中的应用进行实例分析及实证研究，最后提出应用原则和应用建议。这部分属于实践应用研究。

1.2.2 研究方法

本书采用以定性研究为主，结合定量研究的方法，在对文献和相关理论进行分析研究的基础上，对促进知识迁移的教学策略及其慕课应用进行研究。具体采用的方法如下：

（1）文献研究法

本书围绕迁移机制研究、促进知识迁移的教学策略研究、慕课中教学设计的现状及存在问题、促进知识迁移的教学策略在慕课中的应用分析等核心问题，通过对国内外学术期刊网、著作、学术会议资料等相关研究文献进行检索和分析整理，从而加深对本研究领域的认识，拓宽研究的视野，吸取现有研究的重要经验和结论，发现当前国内外研究的问题与不足，对知识迁移及慕课教学策略设计的相关理论及实践有整体把握，更加明确研究的问题与重点，为厘清研究的逻辑、理顺研究的思路提供指导和借鉴。

（2）案例研究法

案例研究法是一种对典型个案进行系统、深入分析的研究方法，主要用于探讨某一事物在实际环境或情形下的状况。本书拟选取国内外有代表性的慕课平台上的课程，特别是中国大学 MOOC 平台上的国家精品课程、非国家精品课程等慕课实践案例，从促进学习迁移教学策略应用的视角，研究其教学策略的运用情况、优势和不足，比较同一学科的不同慕课实例之间的差异，从而分析总结促进知识迁移的教学策略的有效性。

（3）实验法

实验法是根据一定的理论和假设，通过人为地控制教育现象中的某些因素，从而探索变量之间某种因果关系的研究方法。本书开展了两轮对比班教学实验，分别选取专业相近和专业不同的两组对比班，令实验班和对照班学习同一个知识点的不同慕课课程。将迁移测试成绩作为被解释变量，考察不同教学策略的慕课课程对学生的迁移测试成绩是否有显著影响。此外，在前测中，用自编的“大学生数学迁移能力问卷”对样本实验学生的迁移能力进行了问卷调查，学习结束后，对样本学生开展了慕课课程评价问卷调查。

（4）统计分析法

统计分析法是一种运用统计方法对研究对象的内容和关系进行计算与分析的研究方法。本书主要借助于 SPSS 23.0、Stata 17 等软件建立模型进行数据分析。采用描述性统计分析、差异性分析、回归分析等方法对实验数据进行统计处理，分析影响因素的显著性。

1.2.3　研究路线

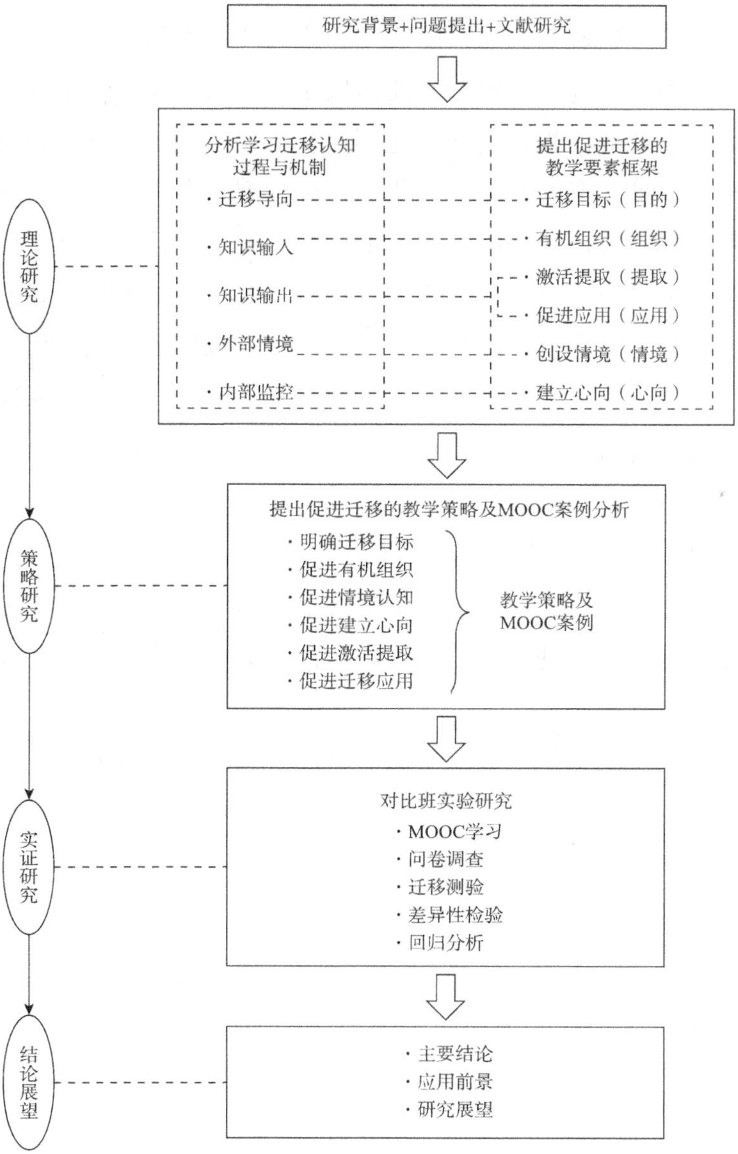

图 1-1　本书研究技术路线

本书在研究内容上共分为五部分。

第一部分是绪论，包括第一、第二、第三章。第一章主要包括研究背景、研究意义、研究问题、研究内容、研究方法等，第二章主要包括慕课的发展历程与特点分析，第三章主要是促进慕课中知识迁移的相关理论基础。

第二部分是理论研究，包括第四章和第五章。本部分借鉴了以往研究成果，提出从学习内在过程出发考察迁移机制的思路，聚焦于学习发生的内在认知过程，从系统化的视角构建了包括目标导向、知识输入、知识输出、外部情境、内部监控五个方面的迁移认知过程模型。在深入剖析以迁移为目的的学习过程所具有特征的基础上，本书从教学促进迁移的角度，提出了教学中应重点关注的“目的、组织、情境、心向、提取、应用”六要素，构建了一个促进知识迁移的教学要素框架，为后续的策略研究奠定了理论基础。

第三部分是策略构架及案例分析，即第六章。该部分结合慕课特点，分别从明确目标、有机组织、创设情境、建立心向、激活提取和促进应用六个方面提出了促进知识迁移的若干微观教学策略，对每条策略进行了理论阐释并结合实例的慕课案例进行了应用分析。

第四部分是实证研究，即第七章。采用教学对比实验对慕课中促进迁移的教学策略的迁移效果进行了实证测试和回归分析，验证了研究提出的教学策略对促进知识迁移的有效性。

第五部分是结论与展望。总结了本书的研究结论，对未来的研究进行了展望。

第2章 慕课的特点分析及研究现状

2.1 慕课的特点分析

2.1.1 慕课的内涵

慕课（Massive Open Online Course，MOOC），是指大规模开放在线课程，是在线教育的重要模式之一。它的内涵包括如下几方面：

“大规模”是指参与学习的学习者数量众多。慕课的注册学习人数往往达到几千人或几十万人，受众涵盖校园内外、各行各业，优秀的慕课学习者往往遍布全球。除此之外，慕课的“大规模”还包括参与制作慕课的学校、教育机构及教师的数量非常庞大。

“开放”是指慕课学习的样态是一种开放的教育形式，它是世界“开放教育资源”（Open Educational Resources，OER）运动的延续，无论任何人、任何时间、任何地点，只要有网络，只要有学习愿望，都可以登录慕课平台，进行慕课课程的在线学习。

“在线”是指学习活动发生于在线环境中，是互联网学习的重要组成部分，课程资源和信息通过网络共享。

“课程”是慕课的本质，是通过在线开放的形式开展教学活动，涵盖完整的教与学的过程。

2.1.2 慕课的特点

慕课以其大规模在线开放课程的定义刻画了大规模参与属性特征、大规模交互属性特征、大规模课程数据属性特征。慕课起源于世界著名的高等学校，它的出现使各个校园资源连接共享，使名校、名师、名课不再局限于传统单一的教学范围，这种在线课堂突破了时空限制，较完整地实现了课堂教学的网络化，为优质教育资源的传播提供了良好平台，使得全国各地乃至世界各地的学子都能够有机会学习知名大学、知名专家开设的课程，并有机会获取喜欢的课程的结业证书，甚至获得知名大学的学分。慕课作为一种新的教育模式，它并不是剥离于传统的教育，而是依托传统的教育，将传统教育元素加以改造，以适应网络学习特征的形式进行重组和制作，呈现在广大的网络学习者面前。

慕课的教育者与传统教育模式中的教师不同，不能通过现场讲解和引导来实现对学习者的把控，也不同于网络直播课程，并非由教师在网上现场讲解知识，而是通过前期的设计、录制和制作，把教师要讲解的知识点封装在视频、拓展材料、课后测试等在线教学资源中，在教学资源中渗透着教育理念、教育方法，通过学习者主观能动地观看学习资源、完成测试题目而达到教学目的，所以，提前设计制作的课程质量至关重要。同时，慕课的学习者通常也不是以学历为目标来学习的，选择课程的原因更加多样化、灵活化，有些学习者甚至仅仅因为兴趣导向而选择慕课平台上的课程。

慕课作为在线教育的重要模式之一，不仅提供学习资源，而且包含了整门课程学习、讨论、测试、作业与考试等完整的教学过程。本书认为慕课所蕴含的特点如下：

在资源设计与生成方式方面，慕课的教学资源以知识点串接，课程内容呈现体系化。慕课的教学资源在制作时以完整的一门课为蓝本，将教学内容划分为一个个小的模块，每个模块包括一个 10 分钟左右的教学视频，视频中有教师的讲解，配有图片、表格、虚拟真实情境等各种多媒体呈现方式，辅之以知识扩展、单元测试等环节；每个模块均围绕一个知识点展开，最终所有模块连接起来组成一个系统的整体——课程，并且不是一次性发布所有知识点，而是模拟高校开设课程的进度，每周推出一定章节的知识点学习内容，一般一个学期完成一门课程。在慕课课程中，既可分开零散学习知识点，又联结成完整的有逻辑体系的课程。这样的资源生成方式，既符合学生的认知规律，降低学生的"认知负荷"，又能够最大限度地模拟大学课程的开设方式，使学生有学习课程的仪式感和归属感。此外，在课程开设期间，慕课学习者还可以根据自身学习程度对存疑的学习内容进行反复观看学习。

在教学过程与评价方式方面，慕课具有完整的教学过程。在一门慕课中，教师通过发布数字化教学资源并组织在线教学活动，学习者通过观看数字化教学资源，在线参与相关讨论、测试、作业与考试，完整地实现一门课教与学的全过程。此外，传统的网络课程评价方式以期末考试为主，形式较为单一。而慕课的评价包括平时测试、讨论区研讨交流情况、期末测试、教师评价、学生互评等多种方式，对学生学习效果的评价更加立体化、多元化和全面化。

在交互方式方面，慕课具有大规模参与者和互动性。慕课广泛的受众和大规模的学习者使交互的形式具有了多种可能性。慕课的交互主要体现在"人机交互"和"人人交互"。在人机交互模式中，交互问题被提前嵌入教学视频中，教师在视频教学中提问，或在学习过程中适时弹出问题对话框，学习者回答正确问题后才可以继续播放后续的学习视频，这就大大提升了学习者的学习注意力和学习效果。"人人交互"是指论坛区的研讨、答疑区的解答、同伴互评中的交流互动以及学生在留言区的评价，等等。此外，教师会根据教学进度定期发布研讨话题，由教师、助教和学生在研讨区答疑解惑、研讨交流，促进师生、生生之间的沟通交流、协作学习、互相提高。

2.1.3　慕课的要素

教育部高等学校教学信息化与教学方法创新指导委员会发布的《高等学

校慕课建设与应用指南》指出，慕课的基本要素应包括课程介绍、课程大纲、教学视频、导学资源、讨论话题、作业与测试题等。

课程介绍。课程介绍是面向所有学习者开放的窗口信息，是学习者了解课程的重要渠道，包括但不限于下列信息：课程简介、学时要求、授课对象、教材与参考资料、开课计划、考核方式、成绩构成与获取方式等。课程介绍表述应严谨、规范、清晰、完整。

课程大纲。课程大纲是课程作用、课程性质、教学目标和教学任务以及由此规定的课程内容、范围和教学要求的纲要。慕课教学大纲须符合国家高等教育人才培养要求。

教学视频。教学视频是慕课的主要教学资源，应覆盖课程大纲规定的大部分课程内容，并满足视频画面清晰、图像稳定、构图合理、声画同步，语言规范标准，声音清晰。主讲人出镜形象和语言应符合教师职业规范。单一教学视频时长建议为 5~15 分钟，最长不超过 20 分钟。

导学资源。导学资源主要指帮助学习者完成课程内容学习所需的教学资源，包括教学课件、导学文档、练习题、习题解析、扩展学习资料等。

讨论话题。讨论话题是慕课教师发出的，用于组织学生讨论的开放性题目，是课程学习的有机组成部分。讨论话题应与课程内容密切相关，促进学生之间、学生与教师之间的在线交流，以加强课程内容的深度学习。

作业与测试题。作业题与测试题用于支持过程化考核与个性化考核，可以是主观题、客观题，或是两者的组合。主观题可以采用学生互评或教师批改的方式进行评分；客观题可采用系统自动评分。

在一门慕课中，教师通过发布数字化教学资源并组织在线教学活动，学习者通过观看数字化教学资源，在线参与相关讨论、测试、作业与考试，完整地实现一门课教与学的全过程。

2.2　慕课的研究现状

大规模开放在线课程（慕课）起源于2008年，实现真正的突破和发展始于2012年，而后逐渐在全球范围内迅猛发展。慕课在经历了前期各国高等教育机构的追捧以后，回归理性发展。

慕课发展初期，对于以慕课为代表的“在线教育”“开放教育”的讨论较为集中。但因为尚处于起步阶段，所以相关研究文献较少。斯里兰卡学者桑云都·瑞哈·利亚纳古纳瓦德纳等的研究表明，2008—2012年共发表45篇关于慕课的期刊论文。其中，2009年发表2篇，2010年发表7篇，10篇发表于2011年，26篇发表于2012年。其中，意大利学者菲尼·安东尼奥（Fini Antonio）于2009年发表了第一篇有关慕课的教育学论文，该文以上述课程为例，对慕课的技术支持维度进行了深入详细的分析，是该研究领域的一篇高被引文献。具有代表性的是戴夫·科米尔（Dave Cormier）和乔治·西蒙斯（George Siemens）的《开放课程：通向打开大门——开放课程伴随研究、学习和参与》，其强调了开放课程是一种可以利用现代信息技术手段，使学习者充分参与学术探讨的交互式教学课程。随着慕课在全球范围内的逐步推广和应用，2012年后关于慕课的研究剧增，形成了一大批研究文献。*Nature* 和 *Science* 等国际学术刊物成为慕课研究、传播与交流的平台。研究逐步聚焦于慕课对于“机械灌输+标准化考试”的“工业流水线”人才培养模式所带来的强烈冲击以及促进教育公平、终身学习等教育理念实现的积极意义展开讨论。其中学者重点对“什么是慕课”“为什么要学习慕课”“怎样学习慕课”三个维度进行研究。同时，“信息技术”“数字化教育”“课程设计”逐渐成为这一时期研究的热点问题。学者开始以教育技术学科的视角来关注慕课本身的教育学的问题。威尔弗雷德·鲁本斯（Wilfred Rubens）在《完善大型开放在线课程的学习设计》中具体描述了慕课课程更为适合的设计以推进在线课程的实施。接着，随着慕课出现的高辍学率、教学成本收益等问题，学者对于慕课研究的态度更加趋于理性。学者不再是用定性的方法单纯地肯定或者否定慕课可持续发展的可能性，而是理性地结合大数据的时代背景，采用定量与定性相结合的科学、可视的方法，从总体规划设计、资源建设、运营模式、支持服务等方面对慕课的建设和发展进行理性分析。

总体来看，国内外对于慕课的研究多集中于慕课的特征分析和发展研究、慕课的平台创建与课程管理、慕课的教学应用与学习者分析等方面。

在慕课的特征分析和发展研究方面，学者从多种视角对慕课产生的背景、概念内涵、特征分类、价值意义等问题进行介绍、分析和评论。例如，Baggaley 介绍了慕课产生和发展的背景、特征、概念内涵以及各界对慕课的认识，分析了慕课的本质及其对于远程教育机构未来发展会产生的影响。Yuan 等将慕课置于开放教育、网络学习、高等教育全球化和预算紧缩的背景中进行分析，概括介绍了慕课的主要运营平台和运营模式，在分析慕课提供者和学习者各自动机的基础上，对慕课在教学法、质量保障、考核方式和学分等方面存在的问题进行了讨论。Zimmerman 等总结了慕课的发展现状，分析了其面临的挑战，对慕课在高等教育领域的未来发展进行了展望分析。梅雷亚德·尼克·朱拉·梅西尔的《慕课同心圈式发展：从高等教育破坏性创新向持续性创新模式的转变》研究了慕课的不同发展阶段，说明不同发展阶段的驱动因素具有连续性。杰里米·诺克斯探讨了慕课的三大变化主题，研究了“慕课学习者”的新兴形象、教学和教师的功能和责任，以及技术对这些角色和实践的影响。汪琼等对亚洲地区慕课发展进行了 5 年回顾，指出与欧美地区相比，亚洲地区的慕课运动在主导机构和学分认证机制方面特色明显。政府作为各国慕课建设的主导，从国家层面提供了政策支持和组织服务。慕课学分认证机制不断推进，在出台国家层面的学分认证框架、建立高校联盟学分认证模式等方面进行了有益的尝试。中国作为亚洲地区慕课发展的先行者与实践者，积累了丰富的慕课建设经验与课程资源，正在成为亚洲地区慕课建设和应用的领导者、慕课资源的输出国。张志新经过研究发现，我国慕课研究主体上以高等学校为主，但机构间缺少合作。其内容上倾向于问题发现和解决，但深度还不够；方法上注重归纳，但缺乏统计分析与开发。赵磊等基于国内 12 家主流中文慕课项目的调研数据，从核心课程资源、师资队伍、学习空间、教学支持服务及运作模式五个方面对我国慕课的建设与应用情况进行了系统梳理。研究表明，我国慕课项目实践的共性问题在于，在建设层面，国外资源利用率不高，改造程度不足；在设计层面，教学创新度不高，应用规模较小；在管理层面，尚未建立健全质量保障体系；在运营层面，市场化程度不高。未来，需要建立开放的质量保障体系及认证制度，以生态教学论为基础构建慕课教学环境的生态系统，探索中国特色的增值服务模式，以促进慕课的持续发展与本土化创新扩散。

在慕课的平台创建与课程管理研究方面，慕课从出现到大规模发展的过程中，新问题和新挑战诸多，如在教学平台和教学实践方面，平台的易操作性、网络访问的流畅性、网站的认证、教学视频、学习环境问题等都是重要问题。因此，结合实践中的问题，研究者对慕课的设计原则、课程优化、平台创建等方面展开了研究。比如，有学者利用 Google Course Builder 的数据管理优势开发慕课平台以扩充容纳学生的数量，使平台访问更加顺畅。学习支持服务和技术资源，对于慕课的发展也至关重要，Fini 以上文提到的慕课课程“连通主义与连通知识”为例，构建了慕课的技术支持框架，关注学习工具的有效运用、个人知识管理技能与方法、网络学习工具的有用性。Yu 等使用数码照相机、摄像机和屏幕捕捉工具改善了幻灯片的呈现方式，同时将教师手势等整合到教学视频中，以提升慕课教学质量。Brinton 等将视频、文本、评价和社会网络等技术整合到移动 App 中，开发了 MIIC（Mobile Integrated and Individualized Course）平台。Baggaley 就慕课的运营方式进行了研究，认为慕课与快餐业在营利动机、市场战略、公众评论与争议及同行抵制等方面具有相似性，并且特别指出高等教育机构要考虑慕课运营过程中的伦理问题，抵制垃圾教育。

在慕课的教学应用与学习者分析方面，Hew 等探讨了学生和教师应用慕课的动机及挑战，表明学习新知识、扩展认知的欲求及好奇心是学生应用慕课的动机，教师的动机则在于获得个人报酬及其他利益。也有学者对教师关于慕课的接受度进行了调查，如 BØe 对教师关于数字化学习工具与服务的满意度进行了调查，据此反思了慕课的教学管理。科林·密里根（Colin Milligan）和艾莉森·约翰（Allison John）在《大规模开放在线课程对专业学习的支持》一文中对慕课与专业课程学习相结合的动机与方式展开了调查研究，强调开放课程平台有利于创造良好的专业学习环境以利于学习者更好地自主学习。美国学者孙开健（Hoi K. Suen）在《大规模开放在线课程的同僚评价》中对慕课的评价模式提出建议，认为同僚评价是大规模开放在线课程最为准确的评价方式。约拉姆·M. 卡尔曼（Yoram M. Kalman）在《竞相趋劣：慕课和高等教育的商业模式》一文中对慕课及高等教育的运行模式进行比较研究，研究发现对于发展中国家而言，慕课的运行模式仍存在弊端，以至于会引发新“数字鸿沟”。纪九梅等对世界慕课发展概要与未来趋势的研究中指出，2018 年以来，全球几大代表性平台面向付费用户提供了不同种类的业务，如证书认证、学分认证、学位项目等。慕课平台更加重视对学习和教学过程的支持与服务。人工智能等新技术逐步加入以提升慕课的学习体验，慕课也更关注学习互动，有更多的高校参与到慕课学位项目的建设之中，并将慕课应用于混合教学。乐惠骁等通过统计和共现分析慕课学习者的日志数据，研究了慕课中优秀学习者的学习行为模式特点。

通过对国内外慕课研究现状进行梳理和分析，对慕课研究中关注的主要问题和内容进行数据分析与总结，发现已有研究集中于慕课理论方面的发展现状及特征研究、技术层面的慕课平台研究与分析、慕课中教学理论的应用研究、慕课中的学习者类型分析、慕课中的教学方式及评价研究等。总体来看，着眼于宏观的发展历程与趋势，中观的慕课内涵分析、技术分析、评价评析等研究相对比较多，而对微观层面的慕课内在教学策略研究仍存在不足。这是当前进一步加强慕课内涵建设、提升网络教育质量所面临的重要课题，也为本书提供了可探索的空间。

从知识迁移与慕课的交叉研究来看，慕课中的学习归根到底还是“人”的学习，在慕课中迁移的发生机制是与传统学习中相融相通的。本书选取心理学、教育学与网络教育融合研究的视角，将迁移机制探究及策略研究引入慕课的教学设计中，充分发挥慕课自身的特点，着力促进慕课学习者的知识迁移，旨在提升高等教育慕课的学习深度并促进学以致用，实现网络学习的高阶目标。

第 3 章　促进慕课中知识迁移的相关理论

3.1　学习迁移理论

迁移问题历来是学术界关注的一个重点领域，心理学家从不同的角度解释了迁移的原因和机制，力图探讨迁移的本质，在此基础上形成了各种不同的学习迁移理论。各学习迁移理论的主要观点如表 3-1 所示。

表 3-1　迁移理论的主要观点一览

迁移理论	代表人物	主要观点
形式训练说	沃尔夫・苛勒	心理官能通过训练得以发展的结果就是迁移
相同要素说	桑代克	只有当两种心理机能具有共同成分作为因素时，才能发生迁移
经验类化理论	贾德・斯金纳	概括是迁移产生的前提，概括的水平直接影响迁移的效果
关系转换理论	苛勒	学习者对学习情境中关系的“顿悟”是迁移产生的决定因素
学习定势说	哈罗	学习者进行学习活动时的心理准备状态
认知结构迁移理论	奥苏伯尔	知识学习过程是在原有认知结构基础上形成新的认知结构的过程
产生式迁移理论	安德森	发生迁移的原因是两种程序性知识的表征之间出现了重叠现象，重叠得越多，迁移量就越大
意义建构说	皮亚杰	学习迁移的过程就是一个意义或经验的建构过程

3.1.1　早期迁移理论

（1）形式训练说

形式训练说是对迁移现象最早进行系统研究的理论，认为迁移是通过官能（主要是感官能力）训练与提高来实现的。诸如观察力、注意力、记忆力、思维、想象力、推理、意志等官能成分如同肌肉一样可以通过练习而得到加强，并自动地迁移到不同的活动中，教育的主要目标就是通过高难度的练习来训练各种官能。

（2）相同要素说

相同要素说是指迁移的新情境与原来的学习情境之间存在着相同要素时，会出现迁移。认为迁移的生理基础是在大脑皮层中建立相同的短暂性神经联结，或者说是对先前学习活动中因为刺激而留存的神经网络之间记忆痕迹的提取和应用。

（3）概括说

概括说认为产生迁移的关键是学习者在两种活动中概括出它们之间的共同原理，即取决于个体所获得的经验的类化。按照这个理论，在发生迁移的两个学习活动之间具有共同的成分只是迁移发生的必要条件，而不是充分条件。迁移能够产生的关键在于学习者在学习 B 时发现了它与前一个学习 A 具有相同的原理，即在于学习者主体能够将习得的经验加以类化。因此，这一学说又被称为“经验泛化说”。概括说重视学习者主体运用分析、比较、综合、分类、抽象、概括等思维形式进行深度加工，并认为通过抽象与概括可以找出事物的本质属性与必然联系，舍弃那些非本质属性和偶然联系，使个体认识从低级的感性认识阶段提升到高级的理性认识阶段，而且概括化水平越高，迁移的适应范围就越广。

（4）学习定势说

学习定势是指在之前的学习中形成的“心理准备状态”，包括对学习的期望、心态、形成的经验等，一个学生的知识迁移，往往受其学习意图或学习心向的影响，这就是学习定势的作用。

3.1.2 认知主义迁移理论

（1）关系转换说

格式塔心理学家苛勒认为，迁移不是因为两种学习情境间因包含“相同要素”或存在“一般原理”而发生，而是“猛然间”醒悟两种情境间的关联，这是“快速”“简洁”进行的学习迁移状态。顿悟说同样认为，对两种情境透彻、深刻的理解能够易于“顿悟”的发生，即在对学习情境的认识与理解之后更易于产生迁移。按照这种理论，迁移产生的关键条件是对于事物整体中各种关系的识别和理解程度，因而离不开学习者个体的主动思考。

（2）认知结构说

美国心理学家奥苏伯尔在其提出的有意义接受学习理论的基础上进一步提出了迁移的认知结构说。认知结构说认为，学习的进行是新知识与原有认知结构相互作用的结果，一切学习的进行都不能脱离与原有认知结构的关系。原有认知结构指学习者原先头脑里掌握的所有知识及其组织结构。每个人的认知结构还会因为接受学习的环境、掌握程度、理解程度的不同而不同，不同的认知结构在学习同一知识时也会产生不同的认知结果。认知结构的可利用性、可辨别性和稳定性是影响迁移的三个因素。

（3）产生式迁移理论

产生式迁移理论的基本思想是，前后两项学习任务产生迁移的原因是两项任务之间产生了重叠，重叠越多，迁移量越大。产生式迁移理论强调两个方面：一是问题空间，二是解决问题的程序或技能。在认知技能方面，从一种技能到另一种技能的迁移量主要依赖两个任务的共有成分量，而这种共有成分的量是以产生式系统来考察的。如果两个情境有共同的产生式或两情境有产生式的交叉、重叠，就可以产生迁移。

3.1.3　建构主义迁移理论

（1）意义建构说

意义建构说认为迁移主要发生在知识学习的同化与顺应两个过程中。知识的同化是指下位学习在原有抽象的概念理论的基础上去丰富、具体化，如学习了函数的概念之后又学习了一次函数、二次函数、指数函数等。同化迁移中已有的认知结构是上位结构，是抽象化的概念、理论；后期学习的具体样例、材料，属于下位结构。上位结构知识将新接收的下位知识进行整合、分类，使之更加有条理地容纳到原有认知结构中。顺应学习是指在原有认知结构中不存在学习对象的上层结构，这时需要重新建立相对应的知识结构以容纳新知识，这也是一个构建上位结构的过程。同化与顺应的学习过程中伴随着知识迁移的进行。

（2）元认知迁移理论

元认知迁移理论认为，只有当学习者个体具有较高的元认知水平之后，经过训练的认知策略才能在多种情境中达到迁移的程度，具有较好元认知技能的学习者能够自动地监督和调节自己的认知过程。当他们面对新的学习任务或情境问题时，会积极地寻找当前情境与过去经历过的某些问题之间的相似性，运用原有经验对当前情境做出比较、分析、综合、概括，以寻求问题解决的有效策略。许多与学习相关的迁移障碍都是由于缺乏元认知技能而引起，从而使得学习者不能有效地识别不同情境中的问题，并在认知过程中不能及时地进行自我监督、自我调节。

上述各种理论分别从不同的角度论述了迁移问题，但在许多方面仍有一定的分歧。例如，决定迁移产生的关键因素是什么，是共同的主观成分还是客观成分，是抽象的表征还是活动，或者是其他因素？这些关键因素是何时建立、形成的，是在最初的学习情境中，还是在迁移情境中，或者由前后两种情境共同决定？迁移是一般的还是特殊的，决定迁移的根本成分是一般的基本能力、基本原则或结构还是一些具体的成分或活动要素？这些分歧实际上反映了迁移研究中存在的普遍性问题。对这些理论的梳理分析也为我们从整体角度、多因素联合角度来研究学习迁移的过程、机制及影响因素提供了理论基础和研究拓展的空间。

3.2 深度学习理论

深度学习（deep learning）也被译为深层学习，美国学者 Ference Marton 和 Roger Saljo 经过一系列对学生学习过程的实验研究，在 1976 年发表的《学习的本质区别：结果和过程》中指出，根据学生的信息加工方式，学生的学习有深度学习和浅层学习之分，由此首次提出了深度学习（deep learning）和浅层学习（surface learning）的概念。之后，Entwistle、Ramsden 和 Biggs 等进行了更为深入的研究，发展了深度学习理论。其中，Biggs 认为，深度学习强调对学习内容的批判性理解，重视先前知识与经验的连接，关注逻辑关系和结论的证据。2004 年，美国教育传播与技术协会（The Association for Educational Communications and Technology，AECT）重新修订了教育技术的定义，并强调深度学习的重要性。之后，AECT 2004 定义在我国开始广泛传播，吸引着越来越多的学者进行深度学习方面的研究。2005 年，我国学者何玲、黎加厚在《促进学生深度学习》一文中指出：深度学习是指在理解学习的基础上，学习者能够批判性地学习新的思想和事实，并将它们融入原有的认知结构中，能够在众多思想间进行联系，并能够将已有的知识迁移到新的情境中，做出决策和解决问题。

3.2.1 深度学习的基本特征

深度学习主要具有注重批判式学习、注重知识信息的整合、注重知识的理解建构、强调知识的迁移运用、解决实际问题五个基本特征。

一是注重批判式学习。深度学习是一种基于理解的学习，强调学习者应批判性地学习新知识和思想，将其纳入原有的认知结构中，在各种观点之间建立多元连接。这要求学习者在理解事物的基础上善于质疑辨析，用怀疑的眼光去看待事物，以充分的理性和客观事实进行理论评估与客观评价，在深度评价的同时加深对知识的理解。

二是注重知识信息的整合。知识信息的整合包括两个方面：①多学科知识信息的汇聚和融合；②新旧知识信息之间的联系。深度学习强调对已激活的先前知识与所获得的新知识进行有效的整合加工。

三是注重知识的理解建构。知识的理解建构是指在信息整合的基础上，要求学生积极主动地对新知识进行鉴别、分析和理解，之后通过新旧知识的相互作用，实现知识的同化与顺应，构建新的认知结构。

四是强调知识的迁移运用。深度学习要求在深入理解新情境的基础上，对关键要素进行判断和把握，在新情境中分析判断概念的复杂性和差异性，并进行重组性迁移运用。不同于浅层学习的机械式搬运，深度学习不仅强调对知识的掌握，更强调要“举一反三、融会贯通”，把所学知识运用于新的情境中。

五是解决实际问题。深度学习与浅层学习的另一个重要区别就在于是否能够将知识运用到新情境中解决问题。这里所指的问题不是那种套用规则和方法就能够解决的良构领域（well-structured domain）的问题，而是需要在原有的基础上重新分析能够解决复杂的、劣构领域（ill-structured domain）的问题。

实际上，在我国新课程改革中所提倡的抛锚式教学、基于问题的学习、基于项目的学习、基于设计的学习等众多教学模式中，在一定程度上也都有深度学习的理念，这些学习模式均要求学习者具有进行有意义学习的倾向、具有批判性的高阶思维、能对知识进行主动建构、能进行反思性学习、对知识进行迁移及解决真实问题。

3.2.2 深度学习对于知识迁移的启示

深度学习倡导深度理解知识，强调意义联结与深度加工知识，注重反思、批判性思维和举一反三的学习方法，并以知识迁移和问题解决为目标。浅层学习则是一种被动接受的、复述型的学习方式，偏重机械记忆互不相关的信息，以形式上的、简单重复的问题解决为特征，而非复杂性、深度性的问题解决。2010 年后随着学习科学领域的兴起，深度学习研究的数量大幅增加，提升了深度学习在教育研究中的地位，探索深度学习策略引起了研究者的高度关注。目前，关于深度学习的研究主要集中于深度学习过程研究、教学应用研究、深度学习理论研究以及评价研究方面。深度学习强调对知识本质的理解和对学习内容的批判性利用，它追求有效的知识迁移和真实问题的解决，属于以高阶思维为主要认知活动的高投入性学习。深度学习的过程伴随着更多的概念应用、更快的知识联结与激活、更精细的知识加工和更复杂的知识组合。可以看出，深度学习的路径和目标均指向知识迁移的内在逻辑。深度学习是实现知识迁移的必要手段和基本途径，其价值追求是形成可迁移的知识与技能；而知识迁移的数量和质量可以检验深度学习的效果，它的实现需要建立在深度学习之上，深度学习理论为迁移的研究提供了路径和方法参考。

3.3 多媒体学习的认知理论

多媒体学习的认知理论是一种研究人是如何通过词语、图像等多媒体进行学习的理论。它是理解多媒体学习的关键，也是当前网络学习设计的重要理论依据。它建立在这样一种观念的基础之上：人是通过两个独立的通道来对学习材料进行处理和加工的，每一通道在单位时间内能够处理的材料的容量都是有限的，有意义的学习需要在学习过程中进行恰当的认知加工。由此形成的双重通道假设、容量有限假设和主动加工假设成为梅耶构建多媒体学习认知理论，乃至整个多媒体学习科学体系的逻辑起点。梅耶的多媒体学习理论是学界公认的多媒体学习设计的指导理论，其关键理论基础是双重编码理论、认知负荷理论和主动加工理论。其中，双重编码理论和工作记忆模型为双重通道假设提供理论基础；工作记忆模型和认知负荷理论为容量有限假设提供理论基础；生成学习理论则为主动加工假设提供理论基础。

3.3.1　双重编码理论

双重编码理论是由加拿大心理学家 Allan Paivio 提出的。该理论认为，人的认知过程，由人体的两个编码系统参与，即言语系统和视觉系统。这两个系统既相互独立又存在着联系。言语系统主要负责处理人体接收的来自外界的言语信息，如词语、语音等。视觉系统则负责处理人体接收的来自外界的非言语信息，包括图画等。两者在处理信息的过程中有着各自的分工，执行着各自的职责，在人类认知和加工信息的过程中扮演着不分伯仲的角色。但两个系统并不是完全平行无交集地运行，如果信息在其言语和非言语上的表征一致时，如同一信息同时以词语和插图两种方式呈现时，两个系统就会发生关联。言语和非言语系统的联合处理加工信息，加强了人对信息的认知，进而提高学习者的认知效率。

3.3.2　认知负荷理论

认知负荷理论起源于19世纪80年代，并在90年代实现快速发展。认知负荷理论认为，人的记忆由工作记忆和长时记忆组成，两者分工处理知识。其中，工作记忆是人接收、处理、加工新信息的主要场所，但其容量有限，一般只能处理7±2个信息组块；长时记忆则负责储存被人“消化”“吸收”

了的信息，长时记忆主要是以图式为基本单元来存储和组织信息，其容量无限。由工作记忆与长时记忆的功能分工可以看出，认知负荷主要发生在人的工作记忆中，主要的认知负荷分为三类：原生性认知负荷（intrinsic cognitive load）、无关性认知负荷（extraneousor ineffective cognitive load）和相关性认知负荷（germaneor effective cognitive load）。原生性认知负荷是由知识本身的难易程度决定的，当知识本身难度适宜，原生性认知负荷就会降低；当知识材料本身的难度较大时，原生性认知负荷就会提高。无关性认知负荷，是在教学设计中使用与知识材料本身无关的信息所产生的额外负荷。学习者需要在处理知识材料本身的同时，去处理与知识材料本身无关的信息，这无疑分散了学习者的精力，加重了学习负担，无关认知负荷就会增加。相关性认知负荷，是学习者吸收知识信息过程中接触的与知识材料本身相关联的资源，它发生在知识由工作记忆的场所向长时记忆的场所过渡的阶段，即学习者内化知识材料的过程中。与无关性认知负荷不同的是，合适的相关性认知负荷能够帮助学习者理解知识，促进有效学习的发生。

3.3.3 主动加工理论

主动加工理论主要指人类为了在已有的经验基础上，建立起符合人类认知的心理表征，从而积极主动地参与信息认知加工，即主动进行知识建构。在信息认知加工的过程中，主要包括三个部分，即选择过程、组织过程和整合过程，分别是形成注意、组织信息以及将新进入的信息与其他知识进行整合。主动学习发生在学习者对新进入的材料进行认知加工时，这个加工过程能帮助学习者学习和理解材料。

根据梅耶的多媒体学习理论，可以将多媒体学习认知过程划分为五个步骤：①选择相关的词语；②选择相关的图像；③组织已选择的词语；④组织已选择的图像；⑤整合已有的词语和图像信息，与长时记忆中的已有相关知识建立联系，完成心理表征的建构。梅耶的多媒体学习认知理论模型如图 3-1 所示。

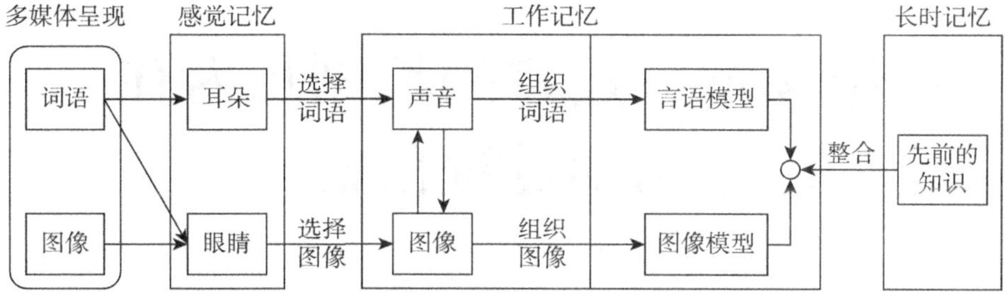

图 3–1　梅耶的多媒体学习认知理论模型

梅耶的多媒体学习理论是一个建立在坚实的理论基础和可靠的实证经验基础之上的理论体系。就其理论基础的构成而言，双重编码理论和工作记忆模型为多媒体学习的认知理论构建提供了一系列的关键概念与元素（如双重通道和工作记忆等），并揭示了不同通道的编码机制和工作记忆的工作机制。生成学习理论为多媒体学习的认知理论构建提供了基本的解释性框架，勾勒了多媒体学习的认知过程——选择、组织和整合。认知负荷理论则为多媒体教学系列设计原理的提出和发展提供了关键支撑，有力推动了多媒体学习从对学习的理论研究迈向对教学的实践改进。

总之，多媒体学习是一种知识建构过程，需要遵循人类学习的三条基本原则，即双向通道原则、容量有限原则和主动加工原则。多媒体教学设计应尽量减少外在认知加工，善用必要认知加工，促进生成认知加工。梅耶还提出了多媒体教学设计的具体原则，即教学中要落实好聚焦要义、提示结构、控制冗余、空间临近、时间临近、切块呈现、预先准备、双重通道、多种媒体、个性显现、原音呈现和形象在屏等具体原则，遵循规律、依托技术实现意义学习，这些都为慕课中发挥多媒体作用促进迁移的教学设计提供了理论参考。

第4章　迁移的机制及内在认知过程剖析

4.1　关于迁移的机制研究

4.1.1　迁移的概念

心理学中迁移一词的意义是，先前学习的知识和技能对新学习与获得的影响，或者从一种学习中习得的经验对其他学习的影响；还有学者认为是先前学习对后继学习所产生的某种影响。梅耶和维特罗克认为，只要先前学习的知识影响当前的学习或当一个先前解决的问题影响了新问题的解决方式时，迁移就产生了。埃特默和纽比则认为，迁移是指用新的方式或在新的情境中应用已经习得的知识，也是指已有的学习如何影响新学习；也有人将它定义为已经获得的知识、动作技能、情感和态度等对新学习的影响。斯滕伯格等认为，迁移是指将知识从一个问题或情境中迁移到新的问题中。布鲁纳则把迁移看作将习得的编码系统用于新的事例。在行为主义学习理论中，迁移来自概括，相同或相似特征的情境可以使得行为在共同要素中实现迁移。而根据认知理论，迁移与信息如何储存在记忆中直接有关。当学习者知道在不同的情境中如何运用知识，那么就发生了迁移。建构主义则主张：通过让学习者参与到一个有意义情境中的真实任务，就能实现迁移（Ertmer and Newby）。迁移本身的词性包含一个简单的模式：在此处学习，在彼处应用。总之，迁移是教育学与心理学的核心概念之一。笔者认为，迁移是指学生能够应用已学习的知识、技能来解决新的情境下的问题，而教育的重要目的在于促进学生对所学知识在未来的迁移应用。

迁移既是一个老话题，也是一个新话题，促进知识迁移的研究是心理学家与教育工作者永恒的课题。一个多世纪以来，全球的心理学家与教育家对迁移现象进行了坚持不懈的研究。人们用各种实证的方法对迁移的有效性进行了研究。教育者希望学生将课程内的某一知识迁移到另一个问题，今天学习的知识迁移到今后，从学校学习的知识迁移到家庭，从学校学到的知识迁移到工作中。

知识迁移在教育教学中发挥着重要的作用，其作用突出表现在以下几点：

首先，知识迁移是有效学习的标志。新旧知识或技能的学习不可能在时间上完全一致，但它们之间存在着各种各样的联系，所以任何学习都必然依赖先前的学习，并且先前的学习必然影响着后来的学习。于是有研究认为，学习的实质是迁移，如果不能从一个情境迁移到另一个情境，学习就无法进行。迁移一方面使已获得的知识在新的学习情境中得到应用，从而起到触类旁通、举一反三的作用；另一方面也只有通过迁移，才能使已有的知识得到进一步检验、充实和熟练。

其次，知识迁移对于提高解决问题的能力具有直接的促进作用。要有效地解决某个问题，除需要一些基本的分析、综合、抽象、概括、归纳和演绎等思维活动外，还需要调动和应用头脑中已有的经验和知识。能否准确、有效地提取有关经验和知识来解释和解决目前的问题，是迁移的关键问题或本质问题。

最后，知识迁移是习得的经验得以概括化、系统化的有效途径，是能力与品格形成的前提条件。学习的最终目的并不是将知识经验储存在头脑中，而是要应用于各种不同的实际情境。要想解决现实中的各种问题，只有通过广泛的迁移，原有知识经验才能得以改造，才能够使新旧经验或知识得以概括化和系统化，使原有的经验结构更充实、更完善，从而能够广泛、有效地调节个体的思维与行为，将得到升华的“经验”与目标问题相适应，从而使问题得到解决。因此，迁移的结果是使学习者的知识结构得到优化，从而提高学习者的能力。

迁移能力在“知识爆炸”的今天显得尤为重要。学校不可能将所有知识都教给学生，只有具备了迁移能力，学生才能适应不断变化的社会。然而，迁移并不是自动产生的，它需要培养和训练。

关于迁移的分类，不同的研究者从不同的角度对迁移进行了分类，主要类型有以下几种。

（1）正迁移和负迁移

这是根据迁移的性质所作的划分。已有的经验对于新经验的获得产生积极的作用和影响，称为正迁移，如阅读技能的掌握有助于写作技能的形成。已有的经验对于新经验的获得产生消极的干扰作用和影响，称为负迁移。

（2）顺向迁移和逆向迁移

这是根据迁移的时间顺序进行的划分。先前的学习对后继的学习产生影响，称为顺向迁移。后继的学习对先前的学习产生影响，称为逆向迁移。我们通常讨论的大部分迁移是指顺向迁移。

（3）一般迁移和特殊迁移

这是根据迁移内容的不同所进行的划分。一般迁移是指有关原理和态度、学习方法的迁移。特殊迁移也称具体迁移，是指一种学习中习得的具体的、特殊的经验直接迁移到另一种学习或一个新情境中。

（4）近迁移和远迁移

这是根据迁移范围的不同所进行的划分。近迁移即把所学的经验迁移到与原初的学习情境比较相似的情境中。远迁移即个体将所学的经验迁移到与原初的学习情境极不相似的其他情境中。换言之，如果能将知识迁移到表面特征与结构特征都相似的其他学习情境中，则属于近迁移。如果能迁移到表面特征不相似，但结构特征相似的其他情境中，则属于远迁移。

4.1.2 关于迁移机制的研究

对迁移的研究起源于美国和欧洲，100 多年来，为了解释迁移现象，许多国外心理学家对迁移的本质及其发生机制进行了实验研究和理论阐释，提出了不同的见解，形成了不同的迁移理论。早期的迁移研究强调学习条件和迁移条件之间的相似性；而现代迁移理论更倾向于把视角深入认知内部，探寻迁移发生的内在机制。对迁移发生机制的不同解读为我们认识迁移的本质、促进迁移发生的着眼点提供了不同视角和理论参考。

在国外对迁移机制的研究中，形式训练说（theory of formal discipline）是对迁移现象最早进行的系统性研究，它源于德国心理学家沃尔夫提出的官能心理学，其认为，迁移机制在于人的心理官能，迁移是人的心理官能得到训练而发展的结果。教育的主要目标是进行高难度的形式训练来提升各种官能。19 世纪末 20 世纪初，桑代克与伍德沃斯在心理学家詹姆斯的记忆实验法基础上，通过更为严密的研究方法进行了一系列关于注意、记忆等方面的迁移实验，得出结论：只有在前后学习任务之间具有相同的元素，才能将先前学习知识中获得的特定行为迁移至新的学习任务中，即相同要素说（theory of identical elements）。相同要素说认为，迁移机制取决于原先的学习情境和新的学习情境之间具有相同的要素，只有当两个学习情境有相同的要素时，才能产生迁移。这里所说的共同要素或共同成分指的是两项任务中共同的显而易见的知觉特征。1908 年，美国心理学家贾德通过“水下打靶”实验研究“概括性”与“原理”的迁移，提出概括化学说（theory of generalization），该理论认为迁移的机制在于概括。先前学习之所以能迁移到后继的学习中，是因为在先前学习时获得了一般原理，这种一般原理可以部分或全部运用于两种学习之中。所以，两种学习之间的共同成分只是迁移产生的必要条件，概括出两种学习的共同原理是迁移产生的关键。对原理原则的概括越透彻，对新情境的适应性就越强，迁移也就越有可能。到 1929 年，格式塔心理学家苛勒从事物关系的角度对经验类化迁移理论进行了重新解释，提出关系理论（relationship theory），认为迁移的机制在于顿悟。格式塔心理学的代表人物 Wertheimer 认为，迁移的发生在于对两种情境中关系（或完形）的顿悟。学习者顿悟两种学习情境中原理原则之间的关系，特别是手段—目的的关系，是实现迁移的根本条件，即两种学习情境中存在某种相似的关系是迁移的前提条件，而学习者对两种学习情境间关系的顿悟是迁移的关键和根本。

现代认知心理学对人类的学习和认知加工过程进行了大量的研究，取得了丰硕的成果，使得学习迁移理论的研究和探索也向着认知内部过程的纵深向发展，最具有代表性的是奥苏伯尔的认知结构迁移理论。该理论认为，迁移的机制在于认知结构。认知结构（学习者头脑中已有的知识结构）既是知识贮存的形式，又具有加工同化新知识、处理新课题的功能。例如，“温故而知新”中的“故”和举一反三中的“一”，就是头脑中已有的认知结构，而“新”和“三”则是新知识、新课题。如果学生的认知结构是清晰稳定的，并经过合理地组织，就能促进新的学习内容的学习与保持；反之，就会对新的学习产生抑制作用。这说明迁移产生的关键取决于个体已有的知识经验。同时，著名的教育心理学家布鲁纳认为，迁移的机制在于编码。学习是类别及其编码系统的形成。迁移就是把习得的编码系统用于新的事例。正迁移就是把适当的编码系统应用于新的事例；负迁移则是把习得的编码系统错误地用于新事例。罗耶的认知迁移理论则从知识获得与运用的角度探讨了迁移发生的条件和机制，认为迁移取决于被试在记忆中提取相关信息或技能的可能性。Gick 和 Holyoak 研究了将解决“攻克堡垒问题”迁移到“邓克尔辐射问题”的情况，提出了图式理论，认为迁移的机制在于“图式”。两个问题虽然属于不同的领域，但是，两者却可以看成是同一个图式，所以，可以成功地迁移。用“图式”解释迁移，说明学习者在迁移的过程中，必须对学习材料进行概括和总结，发现隐含在不同的问题表面之下的相同类产生式规则。

此外，受到关注的理论还有美国心理学家安德森于 1981 年提出的产生式迁移理论，其认为产生式是学习迁移的重要机制。产生式是有关条件和行动的规则，迁移的实质是以产生式为基本单元，通过知识编辑机制来实现的。如果两个情境有共同的产生式或两个情境有产生式的交叉、重叠，就可以产生迁移，重叠越多，迁移量越大。金特纳提出的类比迁移理论认为，迁移的机制在于类比。迁移主要通过类比产生，而类比是对两事物间的结构特征和事件间的内在联系、关系进行匹配而产生的。通过对学习内容进行某种深层而非表面的比较，学习者能够深刻体会到它们之间在结构上的相似之处，因而会更有利于学习的迁移。哈罗提出的学习定势说（learning set theory）认为，迁移的重要机制是人的学习意图和学习心向。学习定势是指先前习得的学习方法、思维方式等对后继学习产生倾向性的心理准备状态。一个学生的学习迁移，往往受他的学习意图或学习心向的影响，这就是学习定势的作用。先行学习为后继学习准备了迁移的条件，或使后继学习处于准备状态中，这就有利于迁移。学习定势说考虑的是学习方法的迁移。也有国外学者从某个角度研究和解读迁移发生的内涵，如泰森等将迁移机制解释为增添、调整和重构三种，后来发展为同化、顺应和重组。

从 1976 年弗拉维尔提出了元认知思想后，迁移机制的研究也逐步从认知观念深化转向元认知的思想。因此，从迁移研究的发展来看，我们可以发现迁移的研究从联结的思想逐步关注到学习者自身对材料的认识，从理解逐步深入学习者的认知过程，从学习者的认知过程又发展到对学习者元认知的研究。法隆从认知过程维度研究了迁移事件并探究了学生在迁移过程中应用的思维技能，建议迁移项目可以通过激活包括反思、评估、分析和抽象在内的过程，为形成高阶思维提供机会。

在迁移机制的研究方面，非常值得关注的是，斯滕伯格将认知心理学关于学习与记忆等过程的研究结果类比到迁移上，经过实验研究，提出了迁移的产生有四种机制：一是编码具体性，即最初的学习是否以有助于将来提取、应用的方式进行编码；二是组织，即已有的知识结构是否组织合理；三是辨别，即能否对新经验或新情境与原有经验或情境之间的相关性或相似性进行识别、比较；四是定势，即是否具有迁移的心理准备与主动意识。这四种机制自成体系，体现了认知心理学非常关注迁移的四种机制，对迁移策略和教学方法的实施很有启示。

在国内，对学习迁移的专门研究起步较晚，但是迁移思想在很早之前已经形成。如我国古代就有“触类旁通”“举一隅不以三隅反，则不复也”等带有迁移思想的教学理念。随着科技时代的进步，现代教育工作者借鉴已有的迁移理论对迁移问题进行了更深层次的探索与研究。我国与学习迁移相关的研究起先侧重对学习迁移理论的介绍、研究历史以及现状的分析、探究迁移类型等有关问题。例如，冯克义的《关于学习迁移的几个问题》、廖建锋的《百年回眸：学习迁移研究要解决的几个问题》、朱燕的《现代知识分类思想下的学习迁移理论述评》、姚梅林的《当代迁移研究的趋向》等，都对国外迁移理论进行了介绍和述评并分析国内现状。随着学习理论的发展，我国学者研究学习迁移的视角也在发生变化，从行为主义到认知理论，到情境理论，再到认知与情境的融合，学习迁移的研究视角逐渐转向认知、情境、元认知等领域。例如，丁玲的《认知结构与学习迁移》研究认知结构的三个变量对学习迁移的影响，姚梅林的《情境理论的迁移观及其教育意义》、曲佳的《情境因素对学习迁移的影响初探》从情境学习理论的视角审视学习迁移的影响因素，王文静的《情境认知与学习理论：对建构主义的发展》从情境认知学习理论层面研究对学习迁移的影响。近年来，我国学者的研究进一步丰富了学习迁移理论。一些学者提出自己系统化的迁移理论模型，如2018年陈国权和吴凡的《学习迁移的系统理论：PPEE理论模型的建构和意义》，运用系统的观点构建了学习迁移的PPEE理论模型，认为人的因素、问题的因素、人和问题的交互作用以及环境的调节作用，会共同影响学习迁移的效果。该文主要从五个方面论述学习迁移的机制。第一，将人的因素按照不同层面划分为后端基本能力、中端心理过程、前端知识结构，讨论了其各自对学习迁移效果的直接影响。第二，将问题的因素划分为形象相似性和抽象相似性，根据这两个维度构建了四种问题间关系类型，并探究了其与学习迁移效果之间的关系。第三，同时考虑人的因素和问题的因素，研究了二者之间的互动对于学习迁移效果的影响。第四，将环境因素划分为时间紧迫性和空间重要性两个维度，探讨了人和环境，以及问题和环境之间的互动对学习迁移效果的影响。第五，基于系统整体的方面，研究人、问题、环境三者之间的互动对学习迁移效果的交互影响。2019年曹宝龙的专著《学习与迁移》，较为系统地阐述了学习与迁移的问题。

同时，我国学者对学习迁移研究的重心在不断转移，如从关注迁移结果转向机制过程的探讨，从抽象的去情境化迁移转向具体的情境迁移，从群体迁移转向个体迁移。有学者对迁移机制展开了探讨，如我国教育心理学家冯忠良认为，迁移的宏观机制是经验的整合，通过同化、顺应和重组三条途径实现，微观机制表现为分析、综合、抽象和概括等认知成分，原有经验的水平越高、组织性和可利用性越强，可迁移性越高。张庆林研究了类比迁移发生的机制；汤建民研究了目标知识、内化知识和学习的知识迁移机制；李亦研究了迁移的四因素理论，提出了一种解释技能之间迁移机制的整合模型；何更生探讨了迁移机制及其对教学实践的启示。

综合分析以上国内外学界对学习迁移机制的探讨，可以看出，从桑代克的相同要素说，到贾德的概括化理论，再到苛勒的关系转换理论，其共同的哲学思想是联结主义，都是从联结主义出发来思考与研究学习过程中的迁移问题的。这一时期对迁移机制的研究基于一个大的背景，即心理学研究正处于行为主义研究盛行期。在行为主义学习理论中，迁移来自概括，条件相似、共同要素可以促进迁移行为的发生。认知主义更注重认知过程中学习者的认知结构的形成与发展过程。值得注意的是，相同要素理论强调任务本身的特点，这些都是“外部因素”或“客观因素”；而概括化理论则强调学习者对任务之间关系的概括水平或理解水平，我们可以将其视作“内部因素”或“主观因素”。而格式塔心理学的“顿悟”说比概括化理论更强调内部因素，学习定势理论则更进一步将行为主义的迁移论的发展方向从关注问题的外部因素逐步转化到关注学习者本身的内部因素上。所以，从行为主义到认知主义的迁移说逐步将视角内化，开始关注学习者学习的内在认知过程及影响因素。奥苏伯尔的认知结构迁移理论、布鲁纳的编码系统迁移理论和安德森等的问题空间匹配理论就是从认知的角度解释迁移机制，体现了认知主义的研究思想，他们对迁移机制的认识是与认知心理学共同成长的。同时，建构主义和元认知研究的发展进一步丰富了迁移机制的研究视角。因此，学界对于迁移机制的探讨也是逐步由客观因素演化到主观因素，由关注外部条件转移到关注内在机制，从迁移机制的单方面考虑演化到多元化因素，特别是从关注行为转向关注学习者的认知过程及外部情境；同时，迁移机制也离不开学习者内在心理建构和认知策略、认知监控的作用。

4.1.3 关于迁移策略的研究

针对如何在教学中采取策略以促进知识迁移，经过对文献的梳理和分析，国内外研究者重点关注了迁移的影响因素和条件、学科教学中的迁移探索、迁移具体策略研究等方面。

（1）关于迁移的影响条件和因素方面

许多学者的研究表明，迁移不仅受到学习任务的特点、迁移任务的难度、迁移任务与训练任务的相似性等因素的影响，同时也受到学习者的能力和知识水平、学习者对训练任务的加工特点和程度等多种因素的影响。Robertson认为，一种情境到另一种情境的迁移需要以下条件：一是给出利用先前问题的提示；二是以前解决的问题比现在的难；三是有一个清晰的目标与子目标结构，该结构能架构两个问题之间的桥梁；四是问题解决者能以一种“有用的”方式表征问题；五是两个问题有共同的产生式，问题看起来也是相似的；六是两个不同的领域包含相同的知识，或者在更抽象的水平上，两个不同的领域却有共同的论据结构或基本原理知识；七是学习者能够意识到，并且能够获得表征问题的一般策略。Robertson认为，在类比迁移的过程中，相似性的作用很复杂，存在三种不同的研究结果：一是迁移的精确程度严格地依赖结构匹配的程度或原则的运用；二是人们常常不能通达长时记忆中存储的结构上匹配的材料；三是基于相似性的回忆是以表面相似而不是以结构相似性为基础的。Holyoak 和 Koh 认为，自发的迁移最有可能发生在靶问题与源问题共同具有多种特征时，并提出了激活相加理论。其主要观点是，一种情境与另一种情境的共有特征在记忆系统中起着提取线索的作用，这些多种共有特征会相加、合作并汇集起来，当激活水平超过一定界限时，会促进映射等心理过程。因此，随着问题之间相似性的增加，迁移成绩提高。Barnett 和 Ceci 提出了产生远、近迁移的新观点，即有关迁移内容的三个维度和影响迁移线索的六个条件。三个维度是：迁移的一般性，即迁移是特殊迁移还是思维策略的一般迁移；迁移的性质，涉及迁移的测量指标问题，即完成迁移任务的速度、准确性和质量；迁移对记忆的要求以及知识领域、物理环境、时间线索、功能性线索、社会线索和形式等条件。绝大多数研究都认为原来的学习情境与新情境越相似，迁移越可能是近迁移；原来的学习情境与新情境越不相似，迁移越可能是远迁移。

国内学者对于影响知识迁移因素的探究也较为丰富，如学习材料因素、个人因素、心理因素、组织环境因素、教学策略因素等。林崇德提出有利于学习迁移发生的三个要素：第一，学习者具备迁移意识，学习认知中的自我调控是影响学习迁移的关键因素，较强的主动迁移意识能促进正向迁移的发生；第二，原有认知结构具有可利用性、可辨别性和稳定性，如前述奥苏伯尔有意义的学习所说，认知结构对知识迁移具有重要影响；第三，学习材料之间具有一定的相似性，材料之间的相似性越大越容易发生知识的迁移。冯忠良提出，从教育者或培训者的角度来看，应用有效的迁移原则和规律进行教学和培训，可以使学习者在有限的时间内学得更快、更好，并在适当的情境中主动、准确地应用原有的经验，防止原有经验的惰性化。教育工作者以及有关的培训人员在进行教学和培训系统的设计时，在教材的选择与编排、教学方法的确定、教学活动的安排、教学成效的考核等方面利用迁移规律，有助于加快教学和培训的进程。迪文在其博士论文中也指出了三条指导知识迁移的原理：一是当学生采用概念化的方法学习时可以促进知识的迁移；二是当教学环境（语境）保持前后一致时可以促进知识的迁移；三是当学生理解了相关的概念性知识和程序性知识之间的联系时可以促进知识的迁移。黄秀兰提出：一是合理分析并安排教学内容；二是提高学生的理解水平；三是引导学生进行概括总结；四是使学生形成积极学习态度；五是有意识、有目的地指导学生。莫雷提出：一是合理选择教学内容与编排教学程序；二是促进学生学习迁移的教学技巧；三是学习方法的传授与训练；四是帮助学生形成关于学习与学校的积极态度。还有一些学者零星研究了情境、定式、学习动机、反思学习等因素对学习迁移的影响。

（2）关于学科教学中促进知识迁移的探索方面

近些年，迁移在学科教学中的运用研究较为丰富，特别是在我国学习迁移研究文献中占相当大的比例，主要是研究某一个迁移理论在具体教学中的运用或在英语、数学、化学、物理等某一个学科教学中的迁移现象、教学方法等，如2003年张小锦、杨跃的《学习迁移现象与英语学习》、2007年董泽华的《试论迁移理论在语文综合学习中的应用》、2017年李晓琴的《学习迁移理论在中学数学教学中的应用》、2016年毛飞的《信息化背景下促进初中生化学知识迁移能力的策略研究》等。马玉辉认为，对高中物理教学的学习迁移可以从搭建完整的知识体系、加强对情境的创设、学会使用不同的迁移方法三个方面进行分析。希尔等探讨了新加坡的特定学术目的工程英语(ESAP)本科生的学习迁移课程，研究了学生将他们在学术写作课程中学到的知识迁移到其他学术环境中。Bassok研究被试从物理的解题程序迁移到代数应用的问题等。这类研究着重于通过具体的学科教学案例探讨迁移具体操作层面的内容，研究者多为学校教师，所开展的研究属于理论运用于实践中的研究。

（3）关于促进知识迁移的具体策略方面

国内外研究者对此进行了诸多探讨。斯鲍姆和偌维克提出的三步教学：通过交谈法与试验法弄清楚原来的经验知识；再以讨论和对话来引发认知冲突；最后通过学习者描绘新概念的图示，激励学习者予以评述，促进迁移。王文静在促进学习迁移的策略研究中认为影响学习迁移的因素很多，主要有相关性、相似性、概念或事物的关键特征和学生原有学习的程度等，提出了促进学习迁移的多种有效策略，主要包括建立学习之间联结的策略，如先行组织者策略、头脑风暴策略、类比策略和元认知策略等；避免概念之间高度相似的策略；识别概念或事物关键特征的策略；判断学生原学习程度的策略。具体来看，在如下几个方面策略的研究中取得了一些进展。

在关于组织策略的研究方面，Renkl研究认为，精加工算子的运用条件和目标、进行较多基于原则的解释、能较充分地监控自己的理解、能经常发现理解的失误和较少出现错误的理解是成功自我解释者的基本特征；Reed和Bolstad的研究表明，在样例学习中应该向学习者提供两个以上的样例，学习效果才会较好。莫雷、张金桥、杨莲清采用实验方法探讨文章阅读中组织策略的迁移问题，研究表明在文章阅读中如果学会组织策略，则有助于文章信息的保持，并能迁移到后来的阅读中，促进新阅读文章信息的保护，前后阅读的文章即使内容无关，但如果它们都适合使用同一组织策略，也可以实现策略的迁移。邢强、莫雷在样例的编码方式对问题解决迁移的影响及心理机制一文中认为，样例的变异性和诱发自我解释模式结合能有效地促进原理图式的获得和迁移；自我解释对理解原理和获得原理的概化图式有着重要作用。不同的学习者自我解释的特征并不一致，存在着个体差异。Cook 研究中提出了枚举组织策略、概括组织策略、系列组织策略、分类组织策略和比较组织策略。邢强、莫雷认为学习者之所以在迁移成绩上表现出差异，是因为他们在不同编码方式的样例条件下所习得的原理图式和对原理图式的加工深度不同。

在关于情境策略的研究方面，情境因素在迁移中作用的研究逐步受到重视。Herrington 的研究显示，真实学习（authentic learning）是促进知识迁移的一种有效手段，也是高质量学习的必然要求。美国《教育研究者》（*Education Researcher*）开辟专栏研讨情境认知（situated cognition）理论及其对网络教学的影响，认为情境具有重要的功能可供性（affordances），能有力地支持学习者在认知情境中积极地与外部世界进行观点调和（negotiating），实现意义建构，促进认知迁移。

在关于心向策略的研究方面，许多研究发现，具有掌握目标（强调知识技能的掌握与能力的改善、进步）的个体比具有表现目标（强调能力的比较、展现）的个体更倾向于进行自我监控、自我调节，更有可能使用深度的加工策略并提高迁移能力。姚梅林、赵敏在《动机性迁移：困境与出路》一文中强调，兴趣和自我效能是动机性迁移的两个重要因素。任洁认为，构建起条件原型的学习准备状态，将有助于知识迁移。Bereiter、Langer 等认为，个体所具有的那种主动探索的精神、自信心、努力表现出最佳学习成效的动机、坚定的意志等综合性的动机特征与个性特征在迁移过程中起到极其重要的作用。Pugh 的研究发现，当教学中强调主动应用、强调动机性迁移时，学生对知识的理解更为透彻，能产生较为稳定的远迁移。

关于知识迁移与网络学习的结合研究方面，戴维斯等研究了学习迁移是否发生在慕课中，在《学习迁移：是否发生在慕课中？函数式编程在实践中的应用调查》中对 GitHub 日志跟踪的详细纵向分析表明，超过 8%的参与学习者迁移；课堂环境中的大多数现有迁移学习结果也确实适用于慕课环境。斯特凡尼亚克、吉尔研究了一个支持学习体验的设计框架，促进服务学习、真实体验，考察了影响真实情境中学习迁移的情境因素，还研究了如何在数字环境中使用该框架。马克兰斯基研究了基于多重评估的沉浸式虚拟现实训练的动机和认知效益，开展了沉浸式虚拟现实组与文本组之间的一项迁移测试。塔奇研究了媒体（文本、视频或字幕视频）对于学生学习成果的影响，引起了人们对在线视频学习效果的关注。我国学者刘伟等致力于知识迁移的深度学习研究，推动深度学习和知识迁移的进一步融合，并为互联网学习环境下的深度学习研究提供理论参考。徐加美研究了基于迁移理论的网络课程内容组织方法与图像处理；胡小勇开展了促进认知迁移的在线学习课程设计与实证研究；庞岚进行了基于学习理论的虚拟实验设计与开发。

综观针对迁移的有关研究，经过文献梳理与分析，发现迁移研究重心出现了如下转移：更加重视探讨迁移机制，更加关注客观情境因素，更加强调自我调控与个性倾向，更加关注促进迁移的教学条件，开始关注知识迁移在网络学习中的实现，但知识迁移与慕课的结合研究文献较少，这个领域的研究尚处于起步和摸索阶段。

4.1.4 研究现状评析

通过对迁移机制、迁移策略相关研究的分析，我们基本掌握了该领域国内外学界对此问题的研究现状和研究动态。综观目前迁移的有关研究，可以发现迁移研究重心出现了如下转移：

一是更加重视探讨迁移机制。迁移的实质是什么？迁移的基本结构、过程与条件是什么？虽然对这些基本问题仍未能达成共识，但越来越多的研究者对此给予了充分关注，认为迁移机制的探讨是解决迁移中出现问题的关键环节。认知心理学者对迁移的过程、原有认知结构的特性等进行了更为深入而具体的探讨。还有一些研究者从图式、产生式、元认知等不同的视角，以不同的术语来揭示和描述迁移发生的机制。虽然这些具有代表性的迁移理论所主张的观点不尽一致且仍在继续探讨之中，但从中可以看到研究者对迁移机制的重视。

二是更加关注情境因素。早先的研究对最初的学习任务、材料与以后的迁移任务、材料之间的相似或共同性给予了充分的关注，取得了比较一致的结论，但对情境因素在迁移中的作用有所忽视，认为情境似乎只是一个背景而已，并不直接参与学习和迁移活动。但情境问题逐渐引起西方学者的重视，他们发现学习情境也是整个学习中十分重要而有意义的组成部分，不同的场景或情境，其学习与迁移可能是不同的，迁移受到具体的客观情境特征的影响。

三是更加强调自我调控与个性倾向。目前越来越多的研究者对学习者的主观能动性，尤其是主动迁移的意识予以关注。主动迁移意识实际上是学习者认知的自我调控的一种表现，有效的学习者能够明确地意识到迁移的重要性，并且有强烈的内部动机来利用迁移的机会，具体表现在主动地识别不同学习任务之间的相关性，识别可以迁移的具体情境，在迁移机会出现时主动、恰当地运用有关的经验或可利用的资源，并灵活地应用这些经验或资源。

四是探讨促进迁移的教学条件。迁移是学校教育的重要目标之一，大部分研究者认为，通过恰当的教学，迁移能力是可以提高的。怎样教学、教什么内容才能够提高其迁移能力？对该问题的研究从未间断，也是各个迁移学派研究的重点问题。

总之，迁移机制的研究经历了行为主义、认知主义、建构主义为主导的几个阶段，通过梳理，我们可以看出两个基本特征：一是迁移机制的研究与心理学的发展是同步的；二是迁移机制的研究从外部因素逐步转化到深入研究学习者自身的学习过程。行为主义者重视设计外部条件实现知识迁移，而认知主义者则突出有效的加工策略。由于强调心理结构，认知理论比行为理论更适于解释较为复杂的心理行为推理、问题解决、信息加工。行为主义和认知主义的哲学观主要是基于客观主义的，即世界是真实的，是存在于学习者外部的。而建构主义认为，知识是个体依据自己的经验来理解问题并创造意义的结果，更注重学习者个人的体验和感受。实际上，行为主义、认知主义、建构主义理论不是互相取代的关系，而是发展的关系，每一种迁移理论都有理论出发点和实验基础，都有其所蕴含的道理。在研究中，我们不应该把这几种理论对立割裂开来，而应该在实践中将其良性结合，取长补短，综合运用以上学习迁移理论，来促进知识迁移的发生。

综上，迁移研究在各个主题上的深入探讨为本研究提供了基本的理论依据，为研究走向深处奠定了基础。已有迁移研究多以理论流派研究为主，深深扎根于学习理论研究和学习实质探究的基础上，与行为主义、认知主义和建构主义理论的发展脉络一脉相承。关于迁移机制的研究散见于各个迁移理论的研究论述和实验研究中，把迁移放在“学习”这一有机的认知过程中，从学习发生全过程角度探究迁移机制的研究尚不多见。

4.2　知识迁移的内在认知过程剖析

迁移是将习得的知识应用于新的情境、解决新的问题。冯忠良指出，学习的最终目的并不是将知识经验储存在头脑中，而是要应用于各种不同的实际情境中，解决现实中的各种问题。现代教育心理学家梅里尔认为，互联网当然是交流信息的好地方，但是信息绝不等于知识，传递信息也不等于教学。教学中组织信息、练习与反馈、提供学习指导等都是十分重要的活动，信息本身不具备这些要素，很多所谓的教学也在这些方面做得不尽如人意。梅里尔强调，媒体本身仅仅是表征内容的一种手段，单靠媒体不能决定教学的效果。如果媒体同教学是相配的，那么可以起到促进教学的作用，否则就可能起到干扰的作用。教学应当聚焦于学习发生的过程，采取有效措施促进学生“学会”知识，实现教学的功能。同样地，“学会”不等于会“迁移”，要根据知识迁移产生的内在过程，采取措施促进有效迁移的发生。

那么，迁移发生的内在过程是什么样的？学习和知识迁移之间的关系是什么样的？以迁移为目的的学习和不利于迁移的学习之间有什么关系？影响知识迁移发生的内在机制有哪些？如何遵循迁移发生的内部过程和影响机制来设计更有效的教学策略？这些就是面对“怎么促进知识迁移”需要解决的问题。

4.2.1　学习的内在过程

知识迁移的内在认知过程是基于学习发生的内在过程的。20 世纪以来，教学心理学取得了长足的发展，学者逐步探索了心理学与教育之间的关系，尤其是心理学理论与教学实践之间的关系。认知心理学认为，学习是一种内部心理现象，是可以分析其心理发生的具体过程的，其心理认知加工过程主要包括信息的获得、信息的组织与编码以及信息的存储、激活、提取和遗忘以及心理加工的结构等。所有的学习都是通过一系列的内在心理动作对外在信息进行加工的过程，这个信息加工的过程主要包括信息的输入、加工处理与输出。西蒙（Simon H. A.）提出，人这一信息加工系统具有六种功能，即输入、输出、存储、复制、建立符号系统和条件性迁移。美国心理学家加涅提出的信息加工模型就是一种非常有代表性的观点。

加涅认为，任何一个单一的学习动作，都有其起始和结束，在一个学习动作发生的历程中，进行着许多不同的加工（或转换）。加工可以是依次有序地进行，也可能是两个或更多的加工阶段同时进行，平行影响。

为了细化描述以上过程，诺克采用图示（见图 4-1）阐述学习过程，他将整个学习过程的阐述分为三种记忆——感觉登记（感觉记忆）、短时记忆（工作记忆）和长时记忆；六种控制过程，即注意、选择性知觉、复诵、组块化、编码和提取；两个执行监控过程，即意向（或目标、动机、兴趣、热忱和态度等）和认知策略。随着加工的深度和意义性增强，信息依次会经过感觉登记、短时记忆和长时记忆的转换，决定这种转换的是六种控制过程，而决定控制过程的是执行监控过程。

认知学习理论形象化地展示了学习过程假设结构及相互联系，如图 4-1 所示。

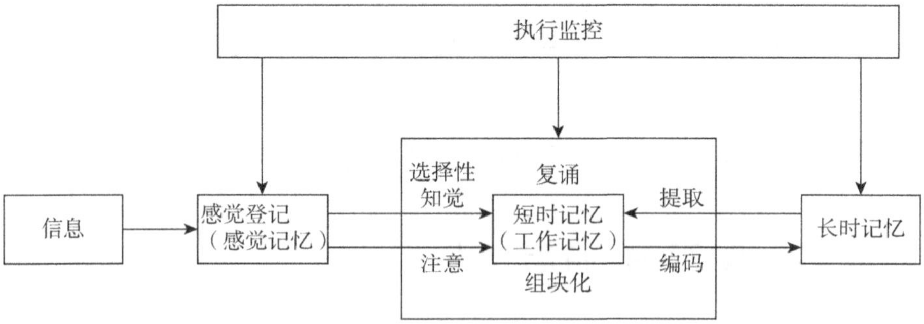

图 4-1　学习的信息加工模式（诸克，2001）

学习需要经历主体从“外部世界”感知信息，“感觉器官”感知的信息经过神经传输到达大脑的“感觉记忆”，经过“感觉记忆”的信息会传输到“工作记忆”，到达“工作记忆”的信息才开始真正进行信息加工，即正式进行学习加工。学习过程具体有以下环节。

从感觉登记到短时记忆。记录于感觉登记器的完整“画面”不会久留，信息在这里转换成刺激模式，这一过程叫作选择性知觉。选择性知觉依赖学习者注意感觉登记器中内容的某些特征而忽略另外一些特征的能力。特征知觉形成一种进入短时记忆中的新的输入。

短时记忆储存。被转换的信息进入短时记忆，停留很短的时间，一般约为 20 秒。短时记忆的容量有限，与“瞬时记忆广度”的容量相似，平均为 7±2个项目。记忆项目可以是字母数字或单音节单词。一旦超出这一容量，随着新项目储存的增加，旧项目就会被“挤压出去”。

从短时记忆到长时记忆。从学习的观点来看，学习最重要的变化特征是从短时记忆进入长时记忆，这一过程叫作“编码”。在短时记忆中，以知觉方式存在的信息不是以声音或形状，而是以概念的形式储存的。概念的意义是已知的，同时可以正确地与学习所处的环境相联系。编码过程可以采用表格、空间矩阵、轮廓图、表象或者所学的信息“图片”等形式。进入长时记忆中的编码材料的主要特征是语义的或按意义组织的。

长时记忆储存。以编码形式储存于长时记忆中的信息是永久性的，并且不会随时间的流逝而损失。然而，储存的信息由于某些原因可能提取不出来；

新旧知识之间的干扰会阻碍被储存信息的提取；搜索与提取过程的失败也是导致遗忘的原因。

提取。从长时记忆中提取信息需要线索，这些线索可以是外部情境或学习者所提供的。在搜索过程中，线索与已习得的相关内容作比较，如此才能找到提取信息的线索。被提取的信息加到短时记忆中，就具有“工作记忆”或“意识记忆”的特征。

工作记忆。短时记忆除对输入的信息有暂时储存这一功能外，还起着主动记忆或工作记忆的作用。从长时记忆中提取的材料与新输入的信息在工作记忆（短时记忆）中可进行结合与比较。例如，在学习摩擦力的相互作用时，就会提取原来长时记忆中力的相互作用、儿时玩过的具有摩擦效应的玩具等相关信息，所有这些外界输入的信息和从长时记忆中提取的信息会在工作记忆区域进行推理与比较。

反应发生器。信息加工流程到了反应发生器时，就会对从长时记忆或工作记忆输入的信息做出外显性反应。这种行为的表现可以是言语、躯体大肌肉或手部小肌肉等完成的动作。

作业。这个过程事实上是信息加工中可观察到的形式，即效应器作用阶段。学习者学习不同类型的知识，在学习陈述性知识时，学习者能表述学习了什么；学习程序性知识时，学习者会完成规定的动作。

反馈。反馈主要指学习任务的自我封闭环节。反馈是通过学习者对自己行为的作业效应的观察和评估提供的。尽管反馈需要外部的检验，但主要还是学习者内部或自觉的行为，起着巩固学习的作用。

现代认知心理学认为，在这个信息加工流程中，经过编码进入长时记忆的信息始终是存在的，但人们出现遗忘一般是由于无法提取信息。信息无法提取的原因通常是找不到它的相关元素，或者说找不到信息提取的路径。

加涅认为，学习过程是由一系列事件构成的，每个学习动作可以分解成八个阶段，左边是学习阶段，其中方框上面是该阶段的名称，里面是该阶段内部的主要学习过程；右边则是教学事件（见图 4-2）。这样，一环接一环，与此相应的学习阶段把这些内部过程与教学事件联系起来了。这对设计教学具有重大意义。教学，即意味着精心合理地安排一系列外部事件（活动）以支持学习的内部过程。

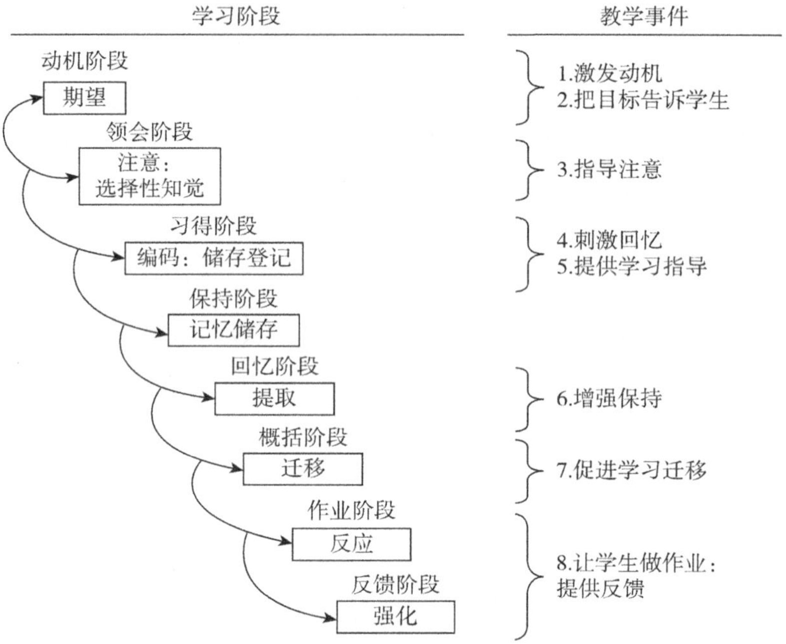

图 4–2　加涅的学习阶段示意

动机。学习的动机借助于学习者在学习发生以前就建立的“定向”或“预期”的效果，这就是“预期”和“执行控制”的作用。事实上，如果在学习者学习某一内容之前，提出与将要学习的某一些内容有关的问题或任务，学习结果显示出学习者会倾向于更注意与任务或先前的问题相关的内容。因此，利用预期或定向的效应可提高学习者的学习动机，从而提高学习效率。

注意和选择性知觉。加涅的信息加工流程已经证实，只有那些被注意到的信息才能由感觉登记器进入短时记忆，而只有进入短时记忆的信息才可能经编码后进入长时记忆。因此，学习过程中的“注意”是提高信息加工流程中保持率的重要一环。

预习。进入短时记忆的信息，如果没有加工，便会很快消失。那些与人的头脑中已习得的信息相近的新信息更能引起选择性注意。预习的知识实际上起到了“已习得的知识”的作用，这样在正式学习的过程中，那些没有被掌握的新知识就更能引起学习者的注意。

编码。短时记忆中的信息经过一定的编码后才能进入长时记忆。学习者可能通过不同的编码方式使信息组织起来变得有意义，进而形成一个知识组块而储存起来。学习者的编码方式依赖学习者的认知策略水平，认知策略决定了编码后的知识组块的性质。一般来说，知识组块越大（联系与概括水平越高)，就越容易进入长时记忆，且更容易被提取。

寻找和恢复。加涅认为，恢复就是一个信息的寻找过程，学习者须在他的环境中根据一些相关信息才能找到提取信息的线索，最终得以恢复。已寻找到的信息提取到短时记忆（工作记忆）中可作为进一步学习或输出的材料。

概括和学习的迁移。已经学到的知识是否能够迁移到新的情境，一部分取决于知识储存的方式，另一部分取决于哪些线索可使这些新知识在新情境中再现。这说明知识的储存编码形式对于迁移而言是十分重要的。

反应的生成。长时记忆的内容或再现，转化到学习者的作业中。事实上，学习者的作业可使外界观察到学习的外显行为并确认新学习行为的开始。

反馈。当学习者获知自己的学习行为已经满足一定的预期信息后，学习的行为就完成了。

根据前人对学习认知过程的研究，可以看出，所有的学习都是通过一定的、内在的、一系列的心理动作，对外来的信息或资料进行不断处理的过程，这个处理的过程包括信息的输入、信息的加工处理、信息的输出、输出信息的反馈等环节。其中信息的输入—输出环节的基本功能是实现信息的转换，使外来的信息得以接受、加工、储存和提取。在信息输入—输出环节的基本心理动作，是各种形式与各种水平的编码与译码。在学习过程的研究探索中，早期的行为主义非常关注学习过程中刺激与反应之间的客观联系；认知主义将触角延伸到大脑的“黑箱”内部，探索学习的内在认知心理过程，更加注重认知过程中学习者的认知结构的形成与发展过程；建构主义则强调学习的主动性、社会性和情境性，关注认知结构对问题情境的融合性构建。此外，还有一个重要因素，即“执行监控”，它决定了学习者加工信息的方式——如何引起注意？如何存储、编码和提取信息？即近年来为人们所关注的元认知。行为主义、认知主义、建构主义、元认知理论等都从侧面给予学习一种解释，但认知心理学提供的学习流程为学习过程奠定了基本框架，至今为理论界所重视和沿用。知识迁移是内嵌在学习过程中实现的，教育学、心理学对学习过程开展的逐步深入的探究，为知识迁移过程的探索奠定了基础，提供了依据。

4.2.2 迁移的认知过程及内在机制分析

作为学习领域研究的核心话题之一，迁移自提出以来，已有很多学者从各个角度对其发生机制进行了研究。桑代克的相同要素说认为，迁移机制取决于原先的学习情境和新的学习情境之间具有相同的要素。贾德的概括化理论认为，迁移的机制在于概括，迁移发生的主要原因在于是否获得对有关知识的概括化的理解，对原理原则的概括越透彻，迁移也就越有可能。自 20 世纪 60 年代以来，认知心理学家从知识获得与运用角度来探讨迁移发生的条件和机制。罗耶的认知迁移理论认为，迁移的可能性取决于被试在记忆搜寻过程中提取相关信息或技能的可能性。1976 年，弗拉维尔提出元认知思想之后，迁移机制的研究也逐步转向元认知的思想。而发展于 20 世纪晚期的情境认知理论认为，有效迁移必须将学习的内容和过程与情境联系起来，让学习者在情境中建构知识和发展能力，强调“将所要教授的内容情境化于真实应用”。

这些理论分别从行为主义、认知主义或建构主义的视角，为知识迁移的研究打下基础。应当认识到，建构主义不是万能的，行为主义也不是在教学上一无是处的。行为主义的最大优点是“化繁为简”的分段处理思想，在对学习者的训练与反馈方面有效，认知主义的长处在于关注认知的结构，强调知识学习过程的加工过程或有效加工的方法。建构主义和元认知理论关注学习者所处的情境和主动的知识建构，以及自身内部的元认知监控，并将关注的触角延伸到内外部因素。尽管目前关于迁移的研究已经取得了较多的成果，但各个理论只是从各自的视角出发，着眼于迁移这个问题的某一方面进行研究。本研究认为，可以从一个更加系统的视角对迁移的研究进行整合，从知识迁移产生过程的角度来认识迁移的机制和影响要素。

因此，本书基于前文对国内外迁移理论的分析，借鉴学习内在认知过程的教育心理学研究成果，认为知识迁移是一个有机过程。综合考虑知识迁移与学习过程之间的关系，提出迁移是嵌入学习过程中的，以迁移为导向的一个完整的知识输入—输出过程，这个过程既符合一般学习的信息加工原理，又凸显了信息加工过程中的迁移导向，同时还必须考虑情境和元认知这两个重要的内外部条件。基于上述分析，笔者尝试构建了知识迁移有机过程的模型图（见图 4-3）。本书认为，在知识迁移过程中，学习的内在心理认知过程是基础，知识迁移是目标导向，知识的获得是迁移的源头，知识提取应用是迁移的终点，这个过程受到内外部因素的影响。

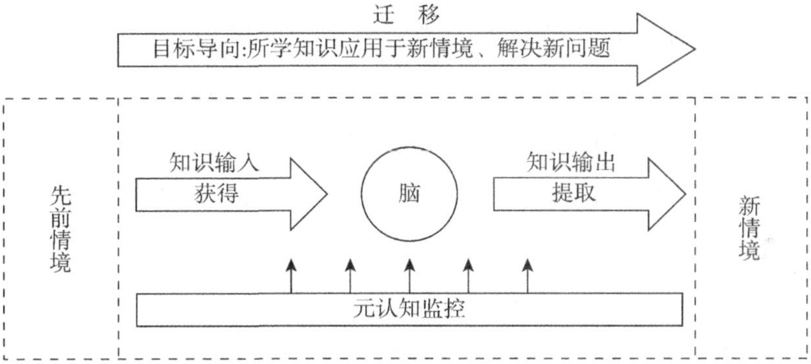

图 4-3　迁移认知过程及内在机制分析

图 4-3 从五个方面探讨了知识迁移的过程及机制。一是目标导向方面，明确以知识迁移为目的，即这个过程的走向是将所学知识应用到新情境、解决新问题。二是知识输入环节方面，即在知识获得的过程中要以有利于迁移的方式学习和加工知识，在头脑中形成良好的认知结构，这是迁移得以产生的坚实基础，否则迁移就是无本之木、无源之水。三是知识输出环节方面，要有利于激发知识的提取和正确应用。四是外部情境方面，即知识的学习和应用分别处于先前情境和新情境之中，这是迁移发生与否的关键，即来源于“先前情境”的知识，应用在“新情境”当中，迁移才得以发生，离开了新情境的应用，就只是知识的重现而非迁移。五是元认知监控方面，元认知是对自己认知过程的积极监控和调节，通常表现为学习者自身的结果预期、自我指导、自我评价、自我监控等行为，是迁移得以发生的内在因素。

基于以上对知识迁移有机过程的分析，本书认为知识迁移过程及机制的研究具有五个方面的视角，分别着眼于迁移目标、知识获得（知识输入）、知识提取及应用（知识输出）、外部情境影响、内部元认知监控。

视角1：目标导向——以迁移为方向。

通过坚持“促进知识迁移与问题解决”的学习目标，进行学习过程的顶层设计，关注学习者的认知发展，引导学习者将所学知识运用到新的问题解决中，在学习过程中不断实现知识迁移的目的。

视角2：知识输入——在知识内化阶段，以利于迁移的方式获得知识。

知识输入的过程，是现代教育心理学着力研究的那些不易观察到的学习的内部机制和过程，包括信息的感觉与登记、记忆与加工、组织与整合等，知识内化后会形成学习者的认知结构。奥苏伯尔认为，任何学习迁移都是在原有学习的基础之上进行的，认知结构是迁移得以产生的重要中介，原有认知结构的清晰性、稳定性、概括性、包容性、连贯性和可辨别性等组织特性始终影响着知识能否顺利迁移。

视角3：知识输出——在知识外化阶段，激活知识以提取和应用。

知识输出是迁移得以发生的关键步骤。知识迁移的关键在于提取和应用。为了证明学到了什么，学习者必须从长时记忆中提取储存的信息。提取是将已经储存在长时记忆中的旧经验重新返回到工作记忆的控制过程，以便学习者能够进一步思考整合或者用外部可以观察的方式加以展示。提取过程通常需要借助于一些激活的“线索”。如果提取的东西仅仅是回忆出来，那么这个过程就是再现；当提取的东西涉及应用到一个新情况或新问题时，就产生知识迁移。要求某人用知识或技能解决新问题，他必须进行比熟悉的情境更为复杂和广泛的搜索过程。应当注意到，提取和应用又有所区别，格式塔心理学家韦特海默（M. Wertheimer）用再现思维与能产思维来阐释这一区别。能产思维指在面对一个问题时能产生一个新的解决方案。用早已知道的解题程序（这是他们解决先前问题的结果）去解决问题，那么，这时他们的思维类型就是再现思维，提取是再现性输出，而应用是能产性输出。

视角 4：外部情境——识别先后情境关联。

建构主义认为学习总是发生在情境之中，而情境则与镶嵌在其中的知识形成了不可分割的联系，因此迁移就发生在实际情境之中。如果学习是脱离具体情境的，那么就很难发生迁移。迁移的关键在于识别先后情境之间的关联，看透其本质之间的贯通性，才能把先前情境中学到的知识正确地运用到后面情境中。有关情境的知识能帮助学生思考他们将在怎样的情境中应用今天所学习的知识，情境是渗透在任何学习过程和迁移中的潜在影响因素。对知识迁移情境的了解，有助于增强学习的灵活性和举一反三的能力。

视角 5：内部监控——实现元认知监控和调节。

元认知（metacognitive）是弗拉维尔（1976）提出的，又称反省认知，是指个体对自身的认知过程及其产物的了解，是对学习或问题解决过程的自我调节（self-regulation）的机制。元认知概念提出后，人们开始注意到元认知与迁移的关系。迁移成功很重要的因素在主观方面，即认知主体在学习与问题解决过程之前、之中和之后对过程进行的计划、执行、检查、反馈、调整等活动的能力，表现了学习者对学习过程和学习结果的反思能力。许多学习和迁移中出现的问题都是由反省认知能力的缺陷造成的，学生只有训练自我调节、自我监督、自我检查和问题识别等认知策略，才能真正学会学习（朱燕，1999），学生对学习过程的监控能力是实现迁移的重要内因。

总之，知识迁移的发生并不是轻而易举的，也不是自动化的，而是受到诸多因素影响的一个复杂的有机过程。本书在借鉴前人研究基础上，提出了知识迁移过程的有机模型，从整体上描述和解释了知识迁移发生的内在过程，从五个方面构建了迁移发生的有机体系。分析了要促进知识迁移，需要优化知识输入—输出的过程，需要关注内外部的影响因素，提出从目标导向、知识获得、知识提取与应用、外部情境、内部监控五个视角来探讨迁移过程的优化。本书为探索知识迁移发生的内在过程与机制提供了理论分析参考，也为教育工作者运用迁移规律和原则，安排促进知识迁移的教学设计提供了实践思路。

4.3 利于知识迁移的学习过程特点分析

以知识迁移为目的的学习具有哪些特征？与不利于知识迁移的学习之间有哪些区别？回答这些问题是促进知识迁移的基础。

4.3.1 知识迁移实现的内在逻辑

通过对迁移过程的分析可以发现，知识迁移的实现主要包含以下内在逻辑：深度认知加工、有意义的学习、存储联结丰富的知识、识别应用情境、激活并提取知识、恰当运用知识解决新问题。

（1）深度认知加工

知识迁移依赖深度加工知识，依靠学习者整合知识与思想、信息与概念，转化为一个全新的产品、理念或解决方案，从而转化为新的知识。但深度加工知识不只是吸收知识，而是将知识加工成对学习者来说有意义的东西，将原始信息加工成更优质的信息。这样，可以让神经元之间的联结更牢固、更安全，信息组块变得更深入，从而为其他主体领域内和应用中的联结留出更多的机会。与此同时，深度加工知识并不意味着知识量的增加，而是体现出质的变化与提高；它不是知识的简单堆砌与叠加，而是超越原有知识与经验的再造或重建；它也不是“物理形式”的混合，而是经过“化合反应”变成了更具活力的新知识。深度加工知识，就是要拓展知识的深度和广度，改善推理习惯和阐释问题的框架，重塑大脑的联结和回路，缩短解决问题时初始状态和目标状态之间的距离。为了实现知识迁移，学习者应梳理知识的整体及其组成部分，删掉无关内容并将同一主题或观点相似的内容进行整合，把原来那些毫无联系的、缺乏逻辑的零碎内容加工组合成条理清晰的知识体系。为了实现高通路迁移，学习者必须摆脱原初浅层理解的束缚，超越熟知的事实与程序，将各种事实性信息转换成完整的、有意义的、条理清晰且可储存的知识。深度加工知识是打开深度学习的“意识之门”，也是实现知识迁移的必经之路。是否具备深度加工知识的能力，是高阶学习者与新手的不同之处，也是深度学习与浅层学习的重要区别。

（2）有意义的学习

理解性学习是围绕学习主题进行的意义生成性学习活动，它能帮助学习者归纳主旨、修正学习、寻找例证、付诸应用，有助于学习者超越自身的经验和常识而获得高阶概念。理解性学习是实现知识迁移过程中必不可少的关键环节，知识迁移受理解性学习程度的影响，而非仅靠记忆事实或墨守成规。

（3）存储联结丰富的知识

在学习过程中，信息会从屏幕（或书本）传递到大脑，参与学习的感官刺激会在学习者脑中留下印记——这种印记是外在信息和大脑思维结构之间建立的联结。脑科学研究发现，人的大脑约有一千亿个神经元，大脑在进行活动时，会激发神经元之间的信息交换或建立联结。它们在生成新意义或丰富旧意义方面发挥了作用。脑细胞之间通过神经元相连接并形成复杂的网络与回路，神经元之间的互动会对网络或回路进行重组，帮助大脑与信息之间建立更多的联结，从而实现认知结构与所收集的信息之间的交流，构成学习者思维、经验、理解、意识和知识迁移的生理基础。可见，知识迁移是大脑的不同结构之间联结和传递信息的结果，学习被看作身体与环境之间的连接，这种连接使得有机体能够对变化着的环境做出适当的反应。

（4）识别应用情境

为了实现知识迁移，学习者既不能停留在事物的表象和思维的表层，也不能仅仅呈现解决问题的常规方法。实际上，学习者不仅要养成从不同角度思考问题的习惯和求异思维，还要学会概括、提出常规问题的解决策略，更要具备类比与联想知识的能力。类比与联想知识意味着学习者要厘清阻碍目标达成的关键点，分析知识与问题之间的因果关系或相关关系，并尽可能多地寻找解决问题的途径。进一步，学习者要经常总结最初的想法和自身疑问的变化，回溯采取的步骤和克服困难的方法，再次梳理自己是如何从并不明显的关联中找到解决方案的。此外，类比与联想知识还意味着学习者在掌握一种熟悉的方法或解决一个常规的问题之后，要过渡到类似的问题甚至截然不同的问题进行变式训练。如此，通过不断突破常规的变式训练，来加深学习者对不同解决策略的理解，积累解决变式问题的经验，归纳出具有普遍意义的规律和方法，并利用类比与联想的原理加大将知识迁移到新问题、复杂问题甚至陌生问题的可能性，最终实现高难度的知识迁移。

（5）激活并提取知识

在人的长时记忆特别是永久记忆中，知识的基本单位是意义相近或有共同点的命题，知识网络就是由这些彼此联系的命题构成的。能被激活的知识，是围绕核心概念组织起来的、意义相近的内容或彼此有关联的内容。Schunk认为，知识迁移涉及对记忆网络中知识的激活。记忆中的各个信息块相互联系得越多，那么一条信息的激活就越能成为其他信息激活的导火索。由此，学习者只有根据条件、提示信息或意义相近的命题来激活知识，才能在知识网络中找到与问题相关的知识或与学习者的计划、意图有关的信息，才能有效实现知识的迁移。

在应用和迁移知识时，学习者需要激活、提取记忆中的知识，从大脑中搜索贴切的答案与合适的解决之道。为了在需要时能调用，应将知识“条件化”，否则它便是惰性的。只有条件化储存的知识才是活的知识，也只有活的知识才有迁移和应用的价值。因此，储存知识时，给知识加入一些储存条件或赋予一定的提示信息。储存的知识一旦具备了条件化，那些条件或提示信息就能让知识以更有意义的方式整合起来，新旧知识之间就能建立密切的联系，就能变短时记忆为长时记忆，就能提高知识在长时记忆中永久保存的可能性。有了“条件化”这个前提，激活与提取知识就相当于有了鲜明的线索。也就是说，在激活与提取知识时，不需要对所知的一切全盘搜索，而是可以像“高级检索”一样大大缩小搜索的范围，可以有选择性地激活、提取只与任务有关的信息。

（6）恰当运用知识解决新问题

恰当运用知识解决新问题是指在不同的情境中再次运用所学的知识，是对学习者综合能力的检验，也是知识迁移最本质的体现。要想实现知识的迁移，学习者需要围绕问题的核心，激活与提取相关的知识并梳理成一个清晰的框架，分析可能遇到的困难，列出自己拟采取的步骤，然后设计出问题的解决方向或解决路径，进而为解决策略寻找依据，掌握从组织知识到搜索知识再到提取与应用知识的路径或模式。可见，学会了提取与应用知识，才算是真正掌握了知识；只有掌握了知识的提取与应用方法，浅层学习才能转变为深度学习，才能实现知识迁移。

深度学习要求在深入理解新情境的基础上，对关键要素进行判断和把握，在新情境中分析判断概念的复杂性和差异性并将原则思路进行重组性迁移运用。深度学习与浅层学习的另一个重要区别在于是否能够把知识运用到新情境中解决问题。这里所指的问题不是那种套用规则和方法就能够解决的良构领域的问题，而是需要在原有的基础上重新分析能够解决复杂的、劣构领域的问题，而学会解决复杂的、劣构的问题正是知识迁移的体现和必由之路。

4.3.2　与知识迁移取向一致的学习过程特征

（1）深度学习

深度学习强调对知识本质的理解和对学习内容的批判性利用，它追求有效的知识迁移和真实问题的解决，属于以高阶思维为主要认知活动的高投入性学习。深度学习的导向与知识迁移的内在逻辑之间是一种互相呼应的关系，而且深度学习的措施均指向知识迁移的内在逻辑。因此，深度学习是实现知识迁移的基本手段和必然轨迹，是以迁移为目的的学习的重要特征之一。

（2）着眼未来

安德森（Lorin W. Anderson，2009）在《布卢姆教育目标分类学——分类学视野下的学与教及其测评（修订版）》中明确指出，教育的两个最重要的目的是促进学习的保持和学习的迁移，迁移的出现是有意义学习的标志。学习的保持是指在学习之后的某一时间内以教学中呈现的大致方式回忆出教材的能力；学习的迁移则是指运用已学知识去解决新问题、回答新的提问或者学习新内容的能力。简言之，保持要求学生回忆所学知识，而迁移不仅要求学生回忆，而且要求学生理解并能够运用所学的东西。例如，学生在学习了关于欧姆定律的内容之后，保持性测验也许只要求学生写出欧姆定律公式。与此不同，迁移性测验则可能要求学生重新设计电路以获得最大的电流，或使用欧姆定律去解释一个复杂电路。在布卢姆的教育目标层次中，知识的保持对应学习目标的第一层次“记忆”，知识的迁移对应往上几个层次“理解、应用、分析、评价、创造”。换一种稍微不同的说法就是，保持着眼于过去，而迁移则注重未来。

（3）高阶思维

高阶思维是发生在较高认知水平层次上的心智活动或认知能力，如分析、综合、评价和创造。高阶思维倡导从浅层次信息的获取与分析转向深层次的理解与应用，使学生从强迫式的知识技能习得转向有意义的思维学习。与之相对应，低阶思维指缺少辨析与判断或者识别的思维。高阶思维一直是深度学习和知识迁移所追求的培养目标。

（4）意义学习

在布卢姆的教育目标分类学中还强调了要区分三种学习结果。第一种既不能记住什么，也不能理解或应用什么，这就是“无效学习”（no learning）。第二种虽然能记住什么，但没有理解也不会应用，这就是“机械学习”（rote learning）。第三种不仅能记住，更善于应用和迁移，这就是“意义学习”（meaningful learning）。学生在主动进行认知加工时，需要“选择”（Selecting）相关的输入信息，在心理上将输入信息“组织”（Organizing）形成一个一致的表征，同时，还要“整合”（Integrating）已经输入的信息至现有的知识结构中，这就是意义学习过程的 SOI 模型。与此相反，机械学习则是将学习看成简单记忆和获取（knowledge acquisition），而不是知识建构（knowledge construction）。也就是说，意义学习就是将符号所代表的新知识与学习者认知结构中已有的适当观念建立非人为的和实质性的联系。相反，如果学习者并未理解符号所代表的知识，只是依据字面上的联系，记住某些符号的词句或组合，则是一种死记硬背式的机械学习。学习迁移的内在逻辑要求，应当追求有意义的学习，而不是机械学习。

（5）可激活知识

怀特海最早提出了惰性观念或惰性知识（inert knowledge）这一说法。惰性知识是个体虽然已经获得并保存在头脑之中，但在某些情况下不能提取出来加以应用而处于一种非活跃状态的知识。如果知识在头脑中储存而不能被激活，那么这种知识就处于惰性知识状态。迁移的特征就是要使知识成为可以激活并灵活运用的知识，而避免成为惰性知识。

（6）情境性学习

一些研究表明，学校中的学习常常侧重抽象的、脱离情境的知识，这种知识一般难以迁移到真实的生活情境中。知识与技能孤立于使用它们的场景时，迁移就会受到阻碍。成功的迁移发生于个人把握“一般的符号图解”时，即对初始情境中的特性与关系有广泛的理解，并依据它们与新环境的相似性予以参考和配置。情境为学习提供组织框架，而内容则决定学习的实质。了解情境与学习内容之间的关系，对更好地促进学习的进程是十分重要的。而从有意义的情境中获得的课堂知识，则比较容易成为迁移的知识，因为情境为这些知识的运用提供了支撑。在处理真实问题时，学生参照通过长期持续的自我参照与情境参照积累起来的个人的亲身经验与策略，就可以将知识作为处理日常情境以及新情境的工具而加以灵活运用。因此，与丰富情境相结合的学习，而不是与情境相脱离的学习，是以迁移为目的的学习应有的特征。

（7）丰富联结的知识

认知心理学的研究表明，信息能否提取在很大程度上依赖信息在记忆中是如何组织的，有机组织的信息易于提取，也易于迁移。对专家和新手的对比研究发现，专家对信息的组织是非常合理的，并且主要根据信息的内在深层结构进行组织，而新手主要根据信息的表面特征加以组织或迁移时专家能根据已有的组织良好的信息进行恰当的提取，新手在脑中储存的是相对孤立的知识，不能产生知识相互之间丰富的联结，则难以激活线索提取信息并适应表面特性发生变化的新情境。因此，促进迁移的知识组织形式应当是体系化的良好结构的知识而非孤立的知识。

综合以上体现知识迁移价值取向的学习过程的关键特征，以知识迁移为目的的学习和不利于知识迁移的学习的特征对比分析如图 4-4 所示。

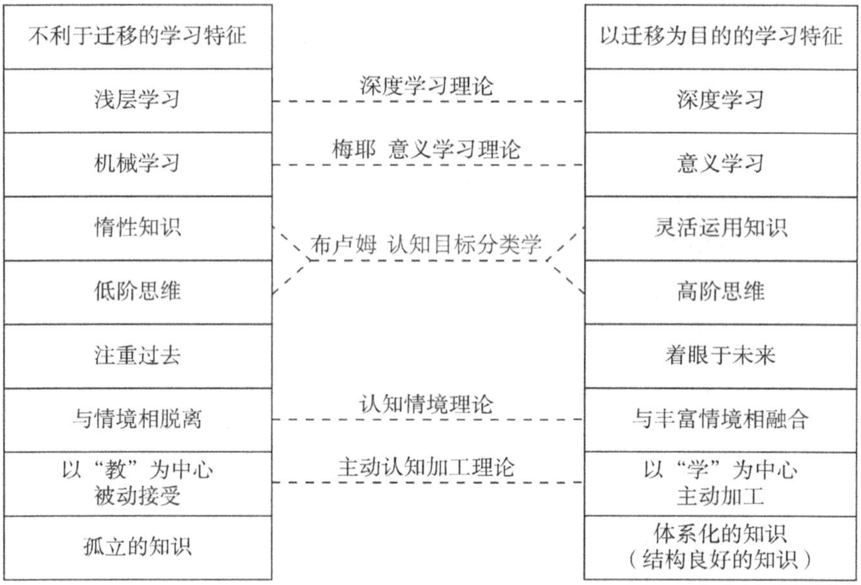

图 4-4　以知识迁移为目的的学习和不利于知识迁移的学习的特征对比分析

综上所述，以迁移为目的的学习着眼于未来对知识的提取、激活、应用，它与深度学习具有相同的价值取向和内在逻辑，这种学习不是机械学习，而是有意义的学习；不是以“教”为中心的被动接受知识，而是以“学”为中心对知识主动加工的过程；不是面向低阶思维的学习，而是面向高阶思维的培养；对知识的掌握不是浅尝辄止的，而是提炼知识本质、进行深度加工的认知过程；头脑中储存的不是孤立的知识，而是联结丰富、组织合理、体系化结构化的知识；不是脱离情境的抽象知识的学习，而是融合于情境中并富于情境变化、有利于学生识别应用情境特征的学习；学习迁移的目标不是储存“惰性知识”，而是能够恰当激活并提取运用的知识。一言以蔽之，以迁移为目的的学习应当是着眼于未来应用的深度学习、有意义学习、反思性学习、情境性学习、深加工认知、结构化存储、概括知识本质、培养高阶思维、面向问题解决的学习，这为本书后续从促进迁移的每一个视角入手对教学策略的设计研究提供了方向。

第5章　促进知识迁移的教学要素框架

5.1　促进知识迁移的关键要素框架构建

学生的学习是一种内部的心理变化过程，而教师的教学工作则是为了帮助学生更好地完成这一系列心理变化。知识迁移的目标对教学提出了更高的要求，在此背景下，教学设计的目标、内容、策略、媒体及评价等要素在微观层面上都会发生相应的变化，而这些变化的问题求解，需要我们结合学习迁移理论、教学设计理论的相关理论框架来改进教学设计。教学设计主要是为了促进学习者的学习，运用系统方法，将学习理论与教学理论的原理转换成对教学目标、教学内容、教学方法和教学策略、教学评价等环节的具体计划，创设教与学的系统“过程”或“程序”（何克抗，2002）。根据迁移的内涵和知识迁移发生的认知过程，我们可以构建一个促进知识迁移的教学关键要素框架。

基于前文对知识迁移的认知过程和内在机制的探析，本书从五个方面来考察知识迁移的发生，即目标导向、知识输入、知识输出、外部情境和内部监控。与此相对应，在教学过程中，应紧盯这几个方面，相对应地安排促进知识迁移的教学策略，层层递进，环环相扣，把握知识迁移过程中每个关键点对应的教学要素，由教育者向促进迁移的方向进行教学设计，安排教学策略。本研究认为，教学过程中作用于知识迁移效果的因素从迁移的起始点“目标”到落脚点“应用”，贯穿在学习的输入—输出全过程中。鉴于知识输出中的提取和应用分别对应再现思维和能产思维两种截然不同的心理过程，提取倾向于知识的保持和再现，而“应用”是迁移的核心标志，因此本书后续将把提取和应用分别作为两个要素来考察。综合以上分析，教学过程中要重点关注明确目的、有机组织、创设情境、建立心向、强化提取、促进应用，这六个方面构成了共同作用于知识迁移效果的关键要素。为更好地促进学习过程中迁移的发生，本书构建了“目的、组织、情境、心向、提取、应用”六要素组成的促进知识迁移的要素框架（见图5-1），从而为后续教学策略的研究奠定了基础。

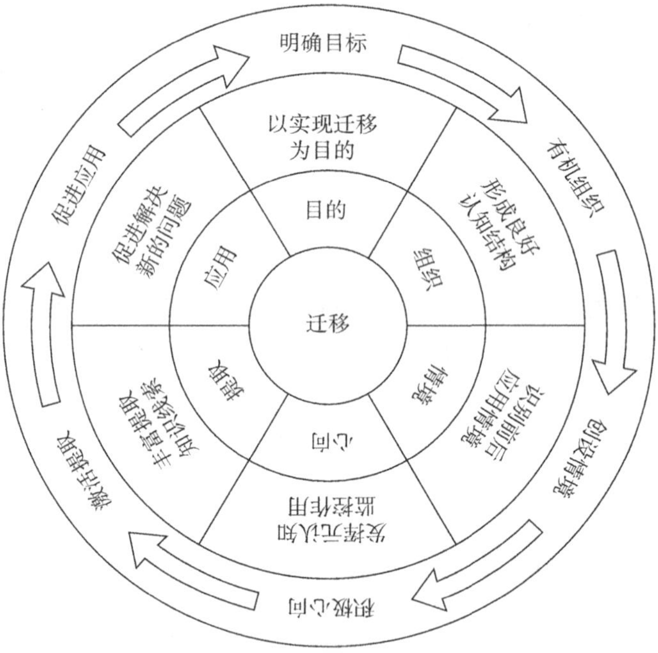

图5-1 促进知识迁移的教学要素框架

该框架图认为，“迁移”是核心目标，周边六个要素中每个要素又延伸为教学中的实践内涵，价值取向均指向迁移。第一个要素是目的，即以实现知识迁移为目的，明确目标是第一位的，这决定着教学过程以知识迁移为导向进行顶层设计和动机激发，这是促进知识迁移教学的逻辑起点。第二个要素是组织，组织对应着知识加工、获得和内化的过程，利于迁移的组织过程是促进学习者深刻理解知识本质，形成良好的认知结构，理想的教学是促进知识的有机组织。第三个要素是情境。在先前的情境中学习，在后面的新情境中迁移，知识迁移产生于对先后情境的正确辨别与判断，所以在教学中应注重情境体验和辨析。第四个要素是心向。促进以知识迁移为目的的学习应当充分发挥学生的元认知监控作用，建立积极的迁移心向。第五个要素是提取，利于知识迁移的教学应当丰富提取知识的线索，创造激活提取的可能。第六个要素是应用，这是迁移的终点，即利用知识促进解决新的问题，促进知识在新情境的应用和新问题的解决是教学者应当始终追求的目标。

本书将分别对以上框架中“目的、组织、情境、心向、提取、应用”的每一个要素进行分析与阐释，讨论其在本书中所指的内涵及与实现知识迁移之间的关系，并分析其在教学过程中如何落实到促进迁移的教学安排中。

5.2　明确目标：以实现知识迁移为目的

目标是人类活动的出发点和归宿。美国心理学家、教育学家布卢姆指出，“有效教学始于知道希望达到的目标是什么，这个目标不仅教师要知道，学生也要知道”。在教育中，目标指出预期的学生学习结果，“明确提出教育过程使学生发生的预期变化”。教学是一项有目的的理性行为，教学要围绕教学目标展开，因此确立明确的促进迁移的教学目标就尤为重要。目标对于教学有导向、激励、评价、调控等功能，它决定着整个教学的顶层设计，并影响着教学内容的组织、教学策略的选择、教学评价的导向等。

美国俄亥俄州立大学的泰勒（R. Tyler）教授是学习目标之父，他早在1932 年就强调了学习目标的重要性。布卢姆的教育目标分类学成为教育界的经典，更是详细阐明了教学目标的理论与方法。布卢姆强调，必须以明确具体的表述方式说明学生完成学习任务以后应该达到的行为指标，“假如你对要去的目的地不清楚的话，那么，很可能你会抵达另一个地点——而且还不知道走错了目的地。”安德森（L. W. Anderson）等课程与教学、教育心理学和测量评价专家对布卢姆的认知学习领域教育目标分类学进行了修订，出版了《学习、教学与评估的分类学：布卢姆教育目标分类学（修订版）》（2001 年）。研究认为，教育的目的分为知识的保持和知识的迁移，以保持为目的的教育重在引领学生识记和回忆，以迁移为目的的教育则对应着更高层级的思维能力培养目标。

明确了促进知识迁移的教学目标，整个教学就会向着着眼于未来应用的深度学习、有意义学习、反思性学习、情境性学习、深加工认知、结构化存储、概括知识本质、培养高阶思维、面向问题解决的学习进行，这是促进迁移的学习的逻辑起点，也影响着其他教学要素的方向性选择。

5.3 有机组织：形成良好认知结构

5.3.1 组织与认知结构

认知心理学家布鲁纳认为，学习的实质是主动地形成认知结构。学习者不是被动地接受知识，而是主动地获取知识，并通过把新获得的知识和已有的认知结构联系起来，积极地建构其知识体系。美国教育心理学家奥苏伯尔（David P. Ausubel）提出的著名的认知结构迁移理论（theory of cognitive structure）认为迁移与认知结构密切相关。从宏观角度来看，迁移的过程是新旧经验的整合过程，也就是经验的有序化过程。从某种意义上说，人脑是经验的储存器，但人脑对经验的储存同仓库对物件的储存不同，人脑不是机械、简单、被动、消极的经验储存库，而是一种复杂的、对不同经验主动的组织加工过程。人脑总是倾向于把不同时间、不同地点学习中获得的不同经验加以综合，从而组织起一种一体化的经验结构。在这种一体化的经验结构中，各种知识成分并不是孤立存在的，而是上下左右、四面八方均沟通的一种网络型结构。这种网络型结构形成的过程，即知识的整合过程，这一过程对应着我们学习迁移机制的第二个视角，即知识输入的过程，知识在学习过程中内化于心的过程。认知心理学的研究表明，信息能否提取在很大程度上依赖信息在记忆中是如何组织的，有机组织的信息易于提取，也易于迁移。这就涉及我们关注的第二个促进迁移的教学要素——组织。

对专家和新手的对比研究发现，专家对于信息的组织是非常合理的，并且主要根据信息的内在深层结构进行组织，而新手主要根据信息的表面特征加以组织，迁移时专家能根据已有的组织良好的信息进行恰当的提取。诺维克（Novick，1988）对专家和新手的迁移问题对比研究发现，当先前的学习与后来的学习具有结构相似性但表面不相似时，专家比新手更易产生正迁移。当两种学习仅具有表面相似性而结构特性不同时，新手比专家更易产生负迁移。这是因为专家拥有组织合理的概括的认知结构，能在抽象的结构水平上注意到问题之间的相似性，较少受到表面特性的干扰。新手则根据外显的线索形成表象，并以此作为提取线索，对具有相似的表面特征的问题以相似的方式解决。一般而言，原有经验的概括水平越高，迁移的可能性越大，效果越好；概括水平越低，迁移的范围越小，效果也越差。

奥苏伯尔分析了认知结构的不同特征对知识理解的影响，认为一切有意义的学习都是在原有的认知结构基础上产生的，认知结构是影响有效迁移的最关键因素。每个学生的认知结构都各有特点，个人认知结构在内容和组织方面的特征被称为认知结构变量。三个主要的影响迁移的认知结构变量，即可利用性、可辨别性和稳定性。

（1）认知结构的可利用性

在认知结构中是否有适当的起固定作用的观念可以利用，这是影响知识迁移的第一个重要的认知结构变量。也就是说，当学习者面对新的学习任务时，他的认知结构中应具有能吸收并固定新观念的原有观念。如果学生能够把他们正在学习的内容与认知结构中已有的准确且相关的知识联系起来，那么他们将学得更多，记得更牢。本质上，如果已有知识能起固定作用，新知识将“粘”得更牢。

（2）认知结构的可辨别性

新的具有潜在意义的学习任务与同化它的原有的知识结构的可辨别的程度，是影响有意义学习与保持的第二个重要的认知结构变量。也就是说，当学习者面对新的学习任务时，原有起固定作用的观念与将要学习的新观念的差异应清晰可辨。这种分辨越清晰，越有助于新的学习与保持。可辨别性就是对原有认知结构中的有关观念与相似的新材料（或者容易混淆的新概念）之间的差异所达到的识别与区分的程度。认知结构中原先学的概念和命题与新学习的观念的可辨别性，可以解释发生负迁移的原因。

（3）认知结构的稳定性与清晰性

原有起固定作用的观念的稳定性和清晰性，是影响有意义学习与保持的第三个重要认知结构变量。也就是说，当学习者面临新的学习任务时，他的认知结构中原有起固定作用的观念应十分牢固。利用及时纠正、反馈和过度学习等方法，可以改变起固定作用的原有观念的结构的稳定性和清晰性。原有知识结构的稳定性和清晰性有利于新的任务的学习与保持。

奥苏伯尔从学生的认知结构方面研究了主要的认知结构变量对迁移的影响，这是对迁移理论研究的深入。概括性、包容性水平较高，可利用性、可辨别性、稳定性强的认知结构会在迁移中起到重要作用。

5.3.2　组织的目的：改善认知结构、掌握知识本质

布鲁纳认为，学习就是认知结构的组织和重新组织，即把同类事物联系起来，并把它们组织成赋予意义的结构。知识的学习就是学习者头脑中形成各种知识结构的过程。这个认知过程以学习者原有知识与经验所构成的认知结构为基础。结合心理学、教学论的分析可以看出，为了帮助学生建构更有意义的、深层的知识组织，教师应该重点强调问题、设计、理论和例子的深层特征，帮助学生更熟练地辨别知识的本质特征和基本原理，从而以更有意义的方式组织自己的知识。综上所述，在迁移的知识获得与内化阶段，促进

有机组织的目的就是要帮助学生改善认知结构，掌握知识本质。

5.3.3　组织的途径：概括化、组块化、结构化

苏联心理学家鲁宾斯坦从迁移过程入手，探讨了迁移中所涉及的认知问题。他认为，概括是迁移的基础，概括本身是揭示本质联系的分析结果。贾德认为，知识概括的水平越高，迁移的范围和可能性就越大。对原理学习得越透彻，对新情境的适应性就越强，迁移就越好。而且贾德还指出，概括化的过程不是自动化的，与教学方法密切相关。对教育工作者来说，在设计教学时要鼓励学生对核心的基本概念进行抽象或概括。学生应该学会抽象与概括的学习方法，在学习时对知识进行思维加工，区别本质的和非本质的属性，清楚偶然的和必然的联系，舍弃那些偶然的、非本质的东西，牢牢把握那些必然的、本质的东西。这种学习方法能使学生的认识从低级的感性阶段上升到高级的理性阶段，从而实现更广泛、更成功的正向迁移。因此，概括化是迁移过程中对知识进行有机组织的一种途径。

知识的组块化是衡量学习者在该学习领域的专业水平的重要标志。知识以组块化的形式存储与提取可以提高学习者的专业知识内容的记忆量。组块化程度是解决问题能力的关键，专家的知识组块化程度高，关联信息的组块紧密，提取与运用信息的组块化水平也就高，更容易解决问题。相反，新手所掌握的碎片化信息不利于高效地解决问题。认知心理学的研究发现："专家"和"新手"脑中的知识表征是不同的。"专家"头脑中的知识按层次排列，而"新手"头脑中的知识按水平排列，零散且孤立。也就是说，"专家"比"新手"知识网络更具有层次性和相互联系性。因此，"专家"的知识具有更优的网络结构性，知识更多地以组块化方式存储。因此，解决问题时，"专家"更注意问题结构，"新手"更注意问题表面细节。"专家"具有更多的记忆空间来处理各种已有的信息之间的联系，这样就更容易解决问题。可见，组块化也是合理组织、优化认知结构的一种途径。

研究者讨论人们组织知识的方式时，并不关注特定的知识点，而是关注

这些零散知识在人的脑中如何组织并建立起联系。知识的组织方式，既可能促进也可能阻碍我们的学习活动和迁移效果。举例来说，假设让两名学生回答历史上英国打败西班牙舰队的日期（National Research Council，2001）。第一个学生回答战争发生在1588年，而第二个学生回答说他记不清准确的时间，但是肯定战争发生在1590年前后。如果1588年确实是正确的日期，那么第一个学生掌握的知识看上去更准确。然而，假设我们对学生的回答进行进一步的探究，询问他们想出答案的过程。第一个学生回答说，他从书上记下了准确的日期。相比之下，第二个学生回答说，他的答案是基于，在1600年以后，英国在弗吉尼亚建立海外殖民地，而英国只有在能确保海上路线安全的情况下，才敢组织如此大规模地到海外建立殖民地的航海旅程。同时考虑到组织完善的海上航运大概需要10年时间，因而他的答案是1590年。以上例子揭示了两位学生在知识组织方式上的本质区别。第一个学生显然只是学到了关于西班牙舰队的孤立事实，并没有把它与自己掌握的其他历史知识相联系。与之相反，第二个学生在自己掌握的知识间建立了更多的内部联系（和因果联系），从而使得他在回答该问题时，能够从问题情境中推断出答案。第一个学生的知识组织方式相对孤立，无法为以后的学习提供太多帮助；而第二个学生的知识组织方式，则能为其随后的学习打下坚实基础。可见，如果学生获取的知识具有零散的和孤立的性质，一般不易迁移。而根据深层次结构加以组织达到系统化和结构化水平的知识，能帮助我们有效地提取和应用信息。因此，帮助学生实现知识结构化，也是合理组织的重要途径。

总之，对学习材料进行概括化、组块化、结构化等有机组织活动，是有效促进学生知识理解和提取应用的一个关键要素。“组织”更多地对应着迁移发生过程的知识输入、知识内化于心的环节。在教学过程中帮助学生获得联系紧密、意义丰富、概括化程度高、结构化、体系化的知识组织方式是促进迁移实现的重要基础。

5.4　创设情境：识别前后应用情境

早期的迁移研究关注学习材料的相似性以及已有经验的认知特性对迁移的影响，而对情境因素在迁移中的作用有所忽视，认为情境只是一种背景，并不直接参与学习活动，因此对迁移也无实质性影响。但从 20 世纪 80 年代末、90 年代初开始，学习理论家的关注点发生明显的转变，研究取向从认知转向了情境。布朗等首先提出并界定了“情境认知”的概念，提出了“情境通过活动来合成知识”这一主张。知识的意义具有情境性，只有在面向实际问题解决的应用中，才能够被更好地深度理解。美国学者斯皮罗（Rand J. Spiro）等的认知弹性理论认为，情境之于学习是十分重要的，学校的传统学习不能成功地帮助学生将他们的知识应用于日常情景，原因在于正式学习常常侧重抽象的、脱离情境的知识的学习，习得的知识很难迁移到真实的情境中，因此要将知识和情境捆绑在一起。认知灵活性理论认为，应该在以不同方式安排的情境中，从不同的角度通过多次“进入”同一学习内容来达到比较全面而深入的掌握，从而获得对事物全貌的理解与认识上的飞跃，以便能够在面对具体复杂的情境时将所学知识合理地进行迁移运用。所谓认知灵活性，就是指学习者通过多种方式同时建构自己的知识，以便在情境发生根本变化时能够做出适宜的反应。通过多维表征所建构的知识能够较好地迁移到其他领域。

另外，情境分为先前情境和应用的新情境。早期的迁移共同要素说（Thorndike，1901）认为，迁移的发生源于学习者对前后两个学习情境间共同要素的发现。陈泽认为，教学提供的源问题（source problem）和需解决的目标问题（target problem）之间的相似性可分为三种类型：表面相似（superficial similarity）、结构相似（structural similarity）和程序相似（procedural similarity）。当新旧问题的内容相似、结构相似或程序相似时，就可能发生迁移。认知心理学家安德森也提出，迁移量的多少（大量、中等、少量或负），取决于实验情境及两种材料之间的相关性。所以，在教学中要重视问题情境的创设，同时更要重视问题与情境之间关联性的讨论，以提高学生的情境识别与理解能力。迁移量的多少与两种情境（先前学习的情境和应用情境）之间的相关性程度有关，提示我们在教学设计中要重视发现和理解相似问题之间的相似要素，而这些相似要素必须反映问题的本质特征而不是表面特征。

情境学习的观点突出体现了教育与现实世界之间的联系，强调学习过程与具体情境的联系，强调知识学习中学习者在实际情境中的建构；与具体情境紧密联系，且经历去情境化的过程，这样的知识才具有应用性。情境性学习在具体事件中既可以体现为真实任务情境，以解决学生在现实生活中遇到的真实问题；也可体现为情境化的过程，学习的过程在类似的情境中发生，与现实的问题解决过程相类似。

综合学者对情境性学习的分析研究，情境性学习可能的学习方式如下：一是创设真实的问题情境。即通过真实情境中的抛锚式知识和技能去诱导日常认知，促进知识迁移。二是运用案例教学。引导学生研习一些具体的、精选的案例，要有典型性但也不能脱离实际生活“编出”一些案例，防止把案例牵强附会地向原理靠拢。另外，设计的案例应具有层次性，不断引导学生向更高的认知水平发展。三是仿真或游戏型学习。仿真或游戏极富情境性和挑战性，教学中可适当选用与学习主题相关的仿真情境或游戏，穿插在教学内容中。

5.5 建立心向：发挥元认知监控作用

现代认知心理学的一个重要特点，是强调“心向”这一内部要素在学习和问题解决中的重要作用。随着认知科学的发展，越来越多的学者关注元认知迁移观，强调元认知在迁移过程中的作用。自从美国心理学家约翰·弗拉维尔于 1976 年在他的《认知发展》一书中首次提出“元认知”这一概念之后，元认知很快便成为教育心理学和认知心理学的重要概念之一。他认为，元认知能力就是对认知的认知，是个体对自己的认知状态和过程的知觉和调节的能力。

在后来的研究中，他将元认知概括为“反映或调节认知活动的任一方面的知识或认知活动”。类似地，Brown 和 Baker 在其著作中，也认为元认知是“个人对自己认知领域的知识和控制”。Stemberg 通过与认知的含义进行对比，认为，元认知是“‘关于认知的认知’，认知包含对世界的知识以及运用这种知识去解决问题的策略，而元认知涉及对个人的知识和策略的监测、控制和理解”。

国内较有影响的观点主要有：心理学家朱智贤将元认知看作思维心理结构中的控制结构，认为元认知实质上就是思维活动的自我意识；而董奇教授认为元认知是人对认知活动的自我意识和自我调节；类似地，汪玲和郭德俊在其发表的文章中指出，元认知是个体对自身当前认知活动的一种认知调节。虽然上述关于元认知的内涵表述存在些许差异，但都包含以下两层意思：一是元认知以个体“认知”本身作为研究对象；二是元认知实质上是认知主体对自身认知活动的自我意识和自我调节。

简言之，元认知就是“对认知的认知”，是指学习者把自己在学习过程中的认知活动作为对象进行积极反思和认知加工的过程。

有学者认为元认知包含元认知知识、元认知监控和元认知体验三个部分，但本书结合迁移这一研究目标，重点关注元认知监控。元认知监控是元认知能力的核心，是指为了保证学习任务能有效地完成，学习者个体积极主动地监视、控制和调节自己正在进行的认知活动的过程。迁移过程是通过一系列复杂的认知活动来完成的，元认知监控能力以及明确的迁移意识对迁移过程中的各种认知活动进行调节、控制，以保证其顺利完成。在有些情况下，学习者虽然掌握了某种迁移所必需的知识，且学习对象也具有相似性，但仍不能产生迁移，其原因可能在于缺乏必要的元认知技能以及迁移意识。

综上所述，根据本书分析的迁移内在过程和发生机制，笔者认为，学习者的元认知监控能力以及迁移意识是影响迁移产生的关键内部因素。要建立积极的迁移心向，可以重点关注两个方面：一是提升学习者的元认知监控水平，二是培养学习者积极的迁移意识。

5.6 强化提取：丰富提取知识线索

当代教育心理学和教学理论一般将学习的业绩分为“保持”和“迁移”。如果教学与评价的主要意图是“保持”学习内容的话，其认知过程就是“记忆”，测验形式即“提取”或“回忆”；在此基础上，更高一层次的学习业绩为“迁移”。从以往关于保持和迁移的研究可以看出，“保持”是“迁移”的基础，“提取”是“应用”的前提，对知识的牢固保持和顺畅“提取”是迁移发生的重要步骤。

现代认知研究认为，记忆的本质是信息存储与提取，信息是经编码形式储存在长时记忆中的。研究认为，长时记忆是一个永久性的信息储存库。当需要使用信息时，大脑经过检索提取信息。提取是将已经储存在长时记忆中的旧经验重新返回到工作记忆的控制过程。先前的记忆如果无法回忆起来，原因是无法找到搜索该信息的正确“路径”，信息无法提取出来。因此，遗忘的本质并不是长时记忆区内不存在该信息，而是无法检索到该信息。

那么如何使大脑中的学习内容能够被提取出来呢？其关键在于每一条信息的提取都要有路径和线索可供检索和激活。图书馆的藏书方法是根据每一本书的分类特征信息对其进行编码，然后根据编码将该书放在编码对应的位置，这就保证了该书一定能被找到、被提取。相反，如果图书没有编号，并且随意放在浩大的图书馆中的某个位置，我们可能就很难找到这本书。同样，如果要使我们所学的知识在需要用到的时候能够被及时提取，就必须在学习时多做关联性的分析比较工作，弄清楚这个知识是从哪里来的、与哪些知识有关联、可应用到哪里去、怎么应用这个知识等。这些工作的本质其实是在给这个知识进行“编码”，其目的是让这个知识储存于它应该在的位置，以便在需要使用它时能够被及时准确地提取。

提取失败说认为，遗忘的发生是一时难以提取信息所致。如果有了正确的线索并经过搜寻，所要的信息就能够提取出来。例如，“舌尖现象”，遗忘实际上只是暂时的、由于失去了提取线索或线索错误而引起的，如果能提供提取线索，借助于这类线索匹配或联结所习得的东西，信息就被认为是“已知的”，然后再被提取出来。因此，线索是提取知识的关键。

美国学者罗耶根据学习和记忆的信息加工理论，提出了两个假设：一是人类以一种系统方式储存和提取信息；二是知识结构的丰富性（数量）差异性很大。所谓丰富性，是指知识结构内各单元（如节点、命题等）之间交互联结的数量。迁移的可能性取决于记忆搜寻过程中能否获取相关信息或技能。因此，教育应注重提高学生在面临生活问题时，提取课程教学中习得的已有相关材料的可能性。由于提取的可能性与交互联结的数量有关，因此，任何增加交互联结网络丰富性的教育方法，都将有助于增加提取的可能性。

教师在教学过程中要注重知识学习的相互联系。为某一知识的学习而学习，不注意知识之间的联系而单独地储存某一知识，这样的知识就是“死”的，因为它不容易被激活、提取。如果学生在学习过程中关注了新学知识与已有知识间的关联，那么新学知识就不会被孤立储存，而是与过去学习的相关知识并联储存。当然，这样储存的信息也容易被提取出来，便于在解决问题时使用。因此，教学中要致力于丰富知识之间的联结，丰富未来提取的线索。

此外，大量研究表明，知识记忆得越牢固、越准确，知识的提取也就越快、越准确，成功解决问题的可能性也就越大。当学生对知识加工联系构成准确而有意义的知识结构时，他们对知识的提取和运用就能变得更加有效和充分。反之，如果知识的组织方式不准确或随机化，他们就不能恰当地提取或应用这些知识。换个视角来看，信息能否迁移也取决于它的编码方式以及在什么情境中编码的。信息如果是以将来可提取、可应用的方式编码的，即编码和提取过程具有相似性，则易于迁移。

近年来，学习科学的发展将脑科学和认知神经基础研究引入学习和迁移的研究中，有学者针对提取练习进行了专门的认知神经基础研究，结果表明，提取学习相比简单重复学习更有益于记忆的保持和迁移。近期的脑成像研究发现，与简单重复学习相比，提取学习时前额叶、顶下叶、颞叶及一些皮层下结构的脑激活更大，这些脑区的激活也能预测随后的记忆成绩。这些研究表明，在更多认知资源的投入和工作记忆系统的参与下，提取学习是一个获得、加工、整合和巩固语义关系的过程。提取学习充分调用认知和情感、皮层与皮层下机能，同时还发挥语义和情景记忆优势来促进学习与记忆。

综合分析以上研究成果，笔者认为，促进激活提取要努力丰富提取知识的线索，着力改善知识的编码方式、丰富知识的联结网络、增加激活知识的触发点，明确迁移的条件、开展提取练习等。

5.7　促进应用：促进解决新的问题

知识的真正掌握不仅体现在知道和领会知识方面，还体现在主动而有效地应用知识去解决有关的问题。举一反三、学以致用是迁移的真实写照，也是迁移的核心指向。我国教育心理学家冯忠良认为，凡是依据已有的知识经验去解决有关的问题都可以叫作知识的应用。知识的应用是迁移得以实现的一个必不可少的关键阶段，是迁移的落脚点。

在经典的记忆测验与迁移测验中，记忆测验（retention tests）评估学习者能够记住多少已经讲过的材料，其中主要的手段是再认（识别）与再现（回忆）。迁移测验（transfer tests）则要求学习者在一个新的情境中应用所学的知识，即看看学生是否能创造性地运用已经学到的知识来解决问题。例如，学习“闪电”这一知识点时，两个测验分别如下。记忆测验如“闪电持续的时间大概是几百万分之一秒”或“一个闪电中包含的潜在电流量是多少伏特”；

迁移测验可能会问“怎样才能减少雷电带来的损失”。

因此，教学不能仅仅停留于学生知道了新知识的本质，还需要引导学生理解和把握新知识对不同情境的适应性，获得知识所承载的普遍规律。迁移指向的是问题解决，但本质是思维过程。教学不仅要引导学生获得知识的内在规定性和确定性，更需要逐层推进，灵活把握抽象性知识对于复杂情境的适应性。迁移不是简单地比照和模仿，而是基于复杂情境的知识应用，解决的是新情境下遇到的新问题，而非原先学过的问题。迁移学习的基础是变式理解，即对知识内在条件的变化性和问题情境的适应性的理解。变式源于具体知识的内在要素的多样性、问题情境的复杂性和问题解决条件的变化性。从思维方式上看，变式迁移的过程是演绎思维、发散思维的过程，是类比与比较的思维过程，也是创造性思维的过程。教师应引导学生在对知识的本质规定理解的基础上，分要素、分关系、分问题情境来进一步把握知识的内在规律。只有在变式应用中提升学生思维的广阔性、思维的灵活性和思维的创造性，迁移才能真正实现。

基于以上对促进迁移应重点关注的六个教学要素进行的内涵分析，本书在第 6 章分别从“明确目标、有机组织、创设情境、建立心向、激活提取、促进应用”方面具体入手，探讨慕课中促进学习迁移的教学策略问题。

第 6 章　慕课中促进知识迁移的教学策略

本章将围绕“目的、组织、情境、心向、提取、应用”六个促进迁移的教学要素框架，探讨在慕课中促进迁移的具体教学策略。教学策略在《辞海》中的定义是，建立在一定理论基础之上，为实现某种教学目标而制定的教学实施方案，包括合理选择和组织各种教学方法、教学材料、有效选用教学媒体，确定教学步骤、教学形式等。从这个层面来讲，教学策略就是为了达成教学目标而选择的一系列教学方法。

慕课具有的多媒体性、广泛交互性、完整的课程要素、可反复观看学习等特征是有利于知识迁移产生的，而其所具有的师生分离、缺乏实时面对面交流、学生碎片化学习等特征又对促进知识迁移形成了一定阻碍。慕课课程的主教学资源，包括按照知识点制作的课程短视频以及拓展学习材料，如拓展 PPT、知识背景材料、知识延伸材料、拓展小视频或小案例等是由慕课主创教师预先设计并制作完成的，因此，提前做好促进迁移的教学策略设计，在制作慕课过程中体现相应的教学策略，是促进学习者知识迁移的必由之路。

笔者考察了国内外的一些慕课平台，其中，中国大学 MOOC 平台和学堂在线平台长期以来是国内较为主流的慕课平台。2022 年，教育部推动实施国家教育数字化战略行动，汇聚优质教育资源，优化平台功能，扩大服务供给，建成了国家智慧教育平台。截至 2023 年 7 月，平台浏览量超过 272 亿次，访客量超过 19. 95 亿人次，访问用户覆盖 200 多个国家和地区。其中，国家高等教育智慧教育平台是在充分整合前期慕课与在线教育建设成果的基础上建设而成，首批上线的 2 万门课程是从 1800 所高校建设的 5 万门课程中精选的优质课程，覆盖了 13 个学科 92 个专业类。平台涵盖了中国大学 MOOC、学堂在线、好大学在线、华文慕课等主流慕课平台上的慕课课程。经对比查看，中国大学 MOOC 平台对每门课程开设了评论区留言评论和学习者评分功能，收集学习者评论和课程评分可以为本书提供客观的慕课评价分析数据，使得我们可以从学习者评价角度考量慕课的学习感受和教学质量。因此，本书主要选取了中国大学 MOOC 平台上的案例及相关学习者评论数据进行讨论和分析。

本章将结合慕课特点，从“明确迁移目标、促进有机组织、促进情境认知、促进心向建立、促进知识提取、促进迁移应用”六个方面分别提出促进知识迁移的具体教学策略，对每条策略进行阐述并结合实际的慕课案例进行讨论和分析。

6.1　明确迁移目标的教学策略及慕课案例

明确迁移目标是促进知识迁移的教学要素的逻辑起点。明确了促进迁移的教学目标，学习过程的设计就会朝着有利于迁移发生的方向引导，才能激发学生迁移的动机。在慕课课程的教学策略选择中，一是要阐明以迁移为导向的教学目标，明确本课程的学习是面向未来应用的深度学习；二是要激发学生迁移动机，使学生在一开始学习时就明确迁移导向。

6.1.1　阐明迁移目标策略

教学目标是教学工作的出发点和归宿，是教师对学生达到的学习成果或最终行为的明确阐述。它是教师进行教学设计的起点，同时还是教学评价的依据，既有定向功能又有调控功能。

在慕课课程中，通常设有单独的课程介绍板块，阐明该课程的定位和教学目标。在每个章节的授课视频和教学延伸板块，也要明确每个知识点的教学目标。阐明迁移目标策略是指教师在慕课课程的整体设置和具体知识点的授课过程中，明确地告诉学习者学习该课程和知识的目标在于将来知识的迁移应用而非记忆，使教师和学习者从学习之初就确立起学习的导向和归宿，即面向未来的价值取向，将来运用知识解决生活、工作中实际问题的学习目标，同时也可以领略知识在其他相关领域所能产生的重要作用，使教与学的导向在开始就集中于知识迁移目标，从而引导整个教学过程和学习过程的内在迁移取向。

阐明迁移目标策略作为一种导向型的教学策略，使学生在学习过程中带入了更多的目的性，在此基础上融合慕课课程展示知识的多媒体性和教师的讲授，可在学习之初强化迁移导向。目前，在一些慕课中阐明迁移目标策略已得到应用，“病理学的临床应用”是中国大学 MOOC 平台上一门来自 G 大学的 19 周的课程，该慕课的课程介绍模块明确指出：“本课程从疾病病因、发病机制、形态结构和功能变化的角度，系统地阐述常见疾病的发生、发展过程，结合临床诊疗和科学研究的新进展，以帮助学生认识和理解疾病状态下细胞和组织的代谢、形态学变化与临床症状和体征的相关性，掌握疾病的本质和转归，做到‘知病明理’，为开展疾病的基础研究和临床诊疗工作奠定理论基础，旨在明确病理学在临床中的应用。”该课程介绍使选择本门课的慕课学习者在注册课程时就本着“明确病理学在临床中的应用”而来，树立了鲜明的迁移导向。

在本门课程的第一章——“病理学绪论和病理诊断流程”讲授中，主讲教师也使用了阐明迁移目标策略来实现学习者对知识的迁移。课程开篇，教师便用简短的语言阐明了病理学的作用和应用方向，通过生动的案例展示了病理学迁移应用的领域，通过插入性提问引导学习者思考病理学诊断在医学应用中的作用。通过对病理学应用脉络进行总述，明确了病理学主要的应用场景和在该场景下发挥的作用，以及对基础医学与临床医学的支撑作用。

在该门课程知识点的教学中，教师自始至终都贯穿该课程的迁移目标，有利于学生对病理学的内涵和迁移应用前景进行深入理解和掌握。同时，充分利用慕课优势，以图、表等多维度方式呈现知识，信息的呈现与组织都有利于学生对该知识的理解和迁移应用的把握。采用阐明迁移目标策略，推动理论联系实际，明确了病理学向基础医学、临床医学等领域以及现实生活中的正向迁移。

慕课平台上学习者的学习评价分析是当前慕课领域非常重要的研究视角和研究手段。通过梳理、分析这门课程在平台上的学习者评价区数据，显示在中国大学 MOOC 平台上有 1506 人参与学习，课程评分为 4.9 分（满分 5 分，下同），学习者的课程评价有 76 条。

评论区的学习者评价主要内容如下：

- 简洁明了地介绍了病理在临床的应用，并举例说明在临床中的重要性。
- 精品课堂，老师讲到的知识点系统全面，十分适合我们。
- 优质内容，精品讲解，知识点讲得很透彻。

阐明迁移目标策略在慕课中是促进学习迁移的首要教学策略。在慕课中，既可在吸引学生注册时的“课程介绍”板块阐明课程迁移目标，使学生进入课程之初就带着面向未来应用的心理准备状态参加学习，又可在课程内容中适时阐明和强化知识迁移的目标，可在课程引入、课程深化和课程总结阶段分别阐明该知识的应用前景和应用价值，使教与学的目标层层递进地统一到面向迁移的路径上。同时，慕课所具有的图片、动画、虚拟真实演示等媒体特性也非常有利于迁移目标和应用前景的呈现，有利于促进教师对迁移目标的讲解和深化。

6.1.2　激发迁移动机策略

激发迁移动机策略是指要实现知识迁移目标，必须激发学生的迁移动机，培养学生的迁移导向。动机是以一定方式引起并维持人的行为的内部唤醒状态，主要表现为追求某种目标的主观愿望或意向。确立迁移目标是促进学习迁移的起点，这不仅需要教师树立为迁移而教的信念，也要激发学生树立为迁移而学的内在导向。在慕课中，可以通过设定期望来激发学生运用知识解决问题的心理倾向或预测未来可能运用所学知识的情境，使学生明确知识的迁移价值，产生应用的内在心理倾向。

“高等数学（二）”是中国大学 MOOC 平台上一门来自 F 大学的国家精品课程。该慕课共分为五个部分 100 讲。在该课程的第二周第五讲——“导数在实际问题中的应用”中采用了激发迁移动机策略。主讲教师通过“变化率”引入，先设置迁移问题提示生活中可以表示变化率的事物，这个提问的目的也是激发学生对于该知识点的迁移动机，符合学习动机的 ARCS 原则。激发学生思考这个知识点在其他学科或者生活当中有哪些应用，可以让学生调节自己的学习过程、自主有效地对该知识点发生迁移。随后，教师通过列举出其他学科中的变化率概念来对“导数”进行进一步阐述，也激发学生对于“导数”这一概念的知识迁移，让学生思考还有哪些情境下的“变化率”，刺激学生迁移的动机。之后，教师又通过跳水运动员的例子将数学问题运用到实际情境中（跳水问题中的导数指的是位移对于时间的变化率——速度），并给出了三个问题来激发学习者对于“导数”这一概念在实际生活中的应用，激发他们的迁移动机，让学习者对“导数”这一知识点从理论理解迁移到实际运用。而后给出每个问题的答案，及时反馈，弥补学习者的知识盲点。通过实际生活中的应用价值，激发学生的迁移动机。

通过梳理、分析这门课程在平台上的学习者评价区数据，显示在中国大学 MOOC 平台上有 33102 人参与学习，课程评分为 4.9 分，该课程在评论区的学习者评价有 179 条，评价主要内容为：

- 翔实易懂，内容丰富，知识展开易于让初学者接受而不产生畏难情绪。真是一门难得的好课程。作为受益者，特别感谢老师。
- 很棒很棒的课程，对自学者很友好。条理清晰，逻辑性强，感谢朱老师让我这个毕业的同学重新学习了微积分，当然也非常感谢慕课这个平台。
- 这门课让我改变了对中国慕课的看法，我也上过其他的慕课，但感觉那些慕课都是为了慕课而慕课，这门课是真的可以学到很多东西，老师讲课让我对这门课产生了浓厚兴趣，很赞！谢谢老师。

总体来看，动机决定方向，动机决定行动。要让学生在学习知识之初就确立起迁移动机，为迁移而学，提高学习期望，提升应用意识，从而激发学生的思考之心、面向未来应用之倾向。学生带着迁移目的进入后续的学习、作业、讨论中，会达到事半功倍的效果。而慕课具有的多媒体性，可以为教师提供多种手段来激发动机，包括教师讲解、图表归纳、案例展示、动画演示、真实事件再现等多种途径，要结合授课进行有针对性的选择。

6.2　促进有机组织的教学策略及慕课案例

有机组织对应着前文所分析的学习迁移有机过程中的知识获得过程。如何在知识获得过程中，促进学习者头脑中知识的合理组织、意义联结和知识内化，是有机组织教学要素要考虑的核心问题。Klahr 和 Carver（1988）的研究表明，学习者最初的知识获得的方式对迁移非常重要。在某一领域中，获得的知识越多，掌握得越熟练，迁移的能力越强。Jose 等（2002）认为，死记硬背的学习不会促进迁移，而理解的学习会带来迁移。如果学习者仅仅记忆了孤立的事实，而没有将学过的材料组织成有意义的形式或者与相关的知识建立起联系，学过的知识就容易成为惰性知识。死记硬背式的学习，其结果是只有在高度相似的问题之间才能产生迁移，而“理解式”学习却能在低度相似或完全陌生的问题之间出现迁移。经过第 3 章的分析，有机组织的目标在于揭示知识本质特征、优化学习者的认知结构，概括化、组块化、结构化是实现有机组织的重要途径。因此，在慕课教学过程中帮助学生获得联系紧密、意义丰富、概括化程度高、结构化、体系化的知识组织方式，是促进迁移实现的重要基础。

本书所关注的慕课中促进知识迁移的研究所处的慕课教学环境不同于传统课堂，知识呈现与组织的方式也具有多媒体学习的特点。特别是慕课中的学习处于师生分离状态下，学生要从慕课呈现的教学信息中主动进行认知加工，因此，可以从慕课教学中“信息的呈现与注意”“信息的加工与整合”两个方面来选择教学策略。其中，在“信息的呈现与注意”方面可采用多维度表征策略、突出关键信息策略，在“信息的加工与整合”方面可采用深加工策略、概念图策略、提炼内核策略。

6.2.1 多维度表征策略

多维度表征策略是指要充分运用不同的符号、从不同的角度来呈现事物的特性，通过对知识意义的多角度建构、多类型表征，最终形成对知识的全面深刻的理解，以利于今后对知识的提取和应用。

很多理论研究表明，对学习材料进行多种外部表征有利于知识的获取和应用。心理学家佩维奥强调，在信息的贮存、加工与提取过程中，语言与非语言的信息加工过程同等重要，如果同时使用视觉形式和语言形式来呈现信息，可以增强信息的回忆与识别。这与双重编码理论有异曲同工之见，双重编码理论认为，在信息的编码过程中，既要有语义编码又要有形象编码，信息的交叉刺激和多重编码在人脑的记忆网络中进行多方面联络，会使信息提取的线索增多。因此，在适合表现知识特征的前提下，应该多种表征方式并用，如图片、文字、表格、声音、动画、视频等都可以作为知识表征的形式，以增加对同一知识的编码方式。知识经过多维表征后，只要刺激到与任何一种表征相关的认知节点，就会激活这个知识，促进提取和迁移。

慕课适合对知识进行多维度表征。多媒体性是慕课在线学习环境的一个显著特点，这一特点非常有利于知识多维度表征的实现。Hammond 提倡使用超媒体系统进行教学，他认为超媒体系统可以创造多媒体表征、立体表征的机会，提供多种情境或多种角度以帮助学生获得多种表征。同时，这种设计给学习者提供了多种选择余地，学习者可按照自己喜爱的、有效的方式来理解信息的内涵。脑科学研究也印证，不同的认知系统使用不同的部位加工信息，可以同时工作，多媒体信息可以激活多种认知系统同时加工信息，有利于信息的再提取。因此，慕课应当提供所学内容的多种表征，从不同角度呈现同一概念的不同材料，利用多种表征形式形成对知识的多维理解，这样有助于新知识的深入理解、深刻记忆和方便提取。

“微观经济学”是中国大学 MOOC 平台上一门来自 W 大学的国家精品课程。在该课程的第三讲——需求价格弹性中，主讲教师在讲解需求弹性与影响需求价格弹性因素时，运用了多维度表征策略展示和讲解知识点。

该课程在阐述“需求价格弹性”这一概念时，授课教师充分发挥了慕课多媒体教学的优势，列举了食用盐与粮食这两种商品。课程从声音、文字、图片、关系图四个维度来对这个知识点进行描述：在声音维度上，授课教师语言精练，突出重点，能吸引学生的注意力；在文字维度上，该慕课配有字幕，当学习者没有听清教师的讲解时可以通过看字幕进行学习，并且教师也会把相关的核心内容用文字的形式展现在 PPT 上；在图片维度上，在教师举出商品的例子时，该慕课会随之出现相应的商品图片，促进学习者的联想记忆；在关系图维度上，教师使用直角坐标系与饼状图进行分析，让学习者更加深入地理解知识点的核心。授课教师运用多维度表征的授课策略，使学生获得多种表征，有利于对知识点的提取与运用。教师在讲解“需求弹性”这一概念时，从语言、文字、图片三个维度对这个知识点进行表征。用文字和饼状图来说明商品在消费开支中的占比。在慕课中运用多维度表征策略对需求价格弹性这一概念进行多角度构建、多类型表征，使学习者能够高效地学习知识内涵，增加知识迁移与实际应用的可能性。

这门课程为国家精品课程，在中国大学 MOOC 平台上有 18621 人参与学习，课程评分为 4.7 分，学习者评价条目总计 1689 条。

该课程在评论区的学习者评价主要内容如下：

- 课程很棒，深入浅出地讲解了微观经济学内容，我这种门外汉都可以听懂和理解！
- 课程设计合理，内容丰富。文老师温文尔雅，各种案例信手拈来，跟他学习实在是人生一大幸事。
- 该慕课讲解的比我上课的老师讲得好，希望国家能够多提供这样一些课程，让现在大学生愿意去学习，而且可以获得更好的学习资源。

总体来看，慕课具有网络学习的多媒体特征，在师生分离的学习环境中，学生无法通过与现场教师的眼神和情感交流沟通，更应充分发挥多媒体的多重维度呈现信息的优势，充分挖掘知识点与多种表征之间的匹配关系，利用图片、图表、动画、视频等形式多角度表征知识，从而激发学生对于知识的深度理解和表征记忆。

6.2.2 突出关键信息策略

突出关键信息策略是指信息呈现时，要突出关键内容，减少无关信息。这与多媒体学习的选择性知觉有关，当学生把所注意的刺激特征从其他刺激中分化出来时，特征就被进行知觉编码，储存在短时记忆中，这个过程就是选择性知觉。为了使学生能够有效地进行选择性知觉，不要为了使页面呈现有趣而添加与教学目标无关的信息，同时用直线和箭头等将学生注意力吸引到复杂图示的重点部分，以及用斜体、粗体和重音等办法突出文本中的重要内容，能够有效地避免视觉搜索和注意分散。

突出关键信息策略还依赖认知负荷理论以及梅耶的多媒体教学原则中的提示结构原则和聚焦要义原则。认知负荷理论核心是工作记忆的有限性，只有将认知负荷控制在工作记忆所能承载的范围之内，有效学习才能发生。突出关键信息策略综合运用了斯威勒等在认知负荷理论研究中提出的冗余效应和注意分散效应。

梅耶等在认知负荷理论和双重编码理论的基础上提出了多媒体学习认知理论，并提出了多媒体教学设计原则，目的在于充分利用人类有限的认知容量，帮助学习者积极进行认知加工。提示结构原则，是指如果给学习者学习提示，突出主要学习材料的组织，那么学习者的学习效果会更好。提示可以帮助学习者减少不必要的外在认知加工，把注意力集中在一些关键要素上，并且将它们关联起来。聚集要义原则是指在多媒体教学设计中，当无关的学习材料（如有趣但无关的语词和画面、有趣但无关的声音和音乐，以及不必要的语词等）被排除时，学习者会学得更好。加纳等将这些无关材料称为花边细节。

突出关键信息策略通过强调复杂图示的重点部分或者突出文本中的重要

内容，能够起到两个关键作用：一是选择性注意，引导学习者将注意力集中在文本中的一些概念性信息上，如果学习者的注意力集中于学习任务或者所呈现信息的一些关键方面，学习效果将会得到改善，因为这样简化了所需的视觉搜索，能腾出更多认知资源用于图式建构和图式熟练，从而便于未来的知识迁移；二是连贯一致的组织，提示可以帮助学习者在一些关键概念之间形成一个关系链，从而建构一个内在连贯一致的心理表征。

慕课的多媒体性有利于实现突出关键信息策略，大标题、粗体、斜体、不同的颜色和高亮标示等都可以用来强调重要的部分。在慕课的设置上，要减少无关信息，突出关键信息，利用认知负荷效应和多媒体呈现原则实现知识关键点的合理呈现，为知识的学习和迁移提供条件。

将突出关键信息策略应用于慕课教学中，要将学习者的注意力引向必要的学习材料，避免无关的材料，并利用所有可用的认知资源加工必要的材料。由于慕课的特殊性，授课时可以同时使用多种媒介，而如何设计相关的版面、多媒体动画、文字与图表是每位教师都需要考虑的问题。

“微观经济学”是中国大学 MOOC 平台上来自 W 大学的国家精品课程。该课程致力于训练学习者建立经济学思维，用以解释周围的世界，指导日常决策。在这门课程的第四讲“消费者行为”的第二节“无差异曲线”，教师就使用了突出关键信息策略来促进学习者对知识的迁移。

在这一知识点中，教师首先通过多个消费组合的讲解引出无差异曲线的概念，在图中标红强调四个相同效用，与其他组合区分，以引起学生对诸如此类特定信息的关注。接下来，教师讲解边际替代率的定义，通过在图中放大标红定义式，使用不同颜色，以区分不同事物，同时在教学呈现中，教师利用手势将学生的注意力吸引至页面的重点部分。其后在图示中给出边际替代率的准确解释，与教师讲解的语言相比，显示的文字更加精练。讲解边际替代率的不同公式时，文字精练，没有不必要的文字说明，转为教师具体的语言解释，只显示最基本的数学公式。同时标红强调关键知识，如边际替代率为负，总效用变化保持恒定为零。运用符号和提示帮助学生找到重点的部分，去除不必要的视觉搜索带来的认知负荷，使学生能把有限的认知资源投入有意义的信息加工活动中，提升学习效率，促进知识的正向迁移。接着分析无差异曲线的性质，在图示中标红给出关键字眼“等效用曲线”，所添加的文字十分简短，且直接置于相应的图画旁边。用箭头强调重要的部分，以及直接在图中画叉表示无差异曲线不能相交，教学呈现材料紧紧地扣住教学目标，没有多余的文字，其他信息均由教师口述配合精练的图示，有效减少由同时处理画面和文字内容带来的认知负荷。最后，教师用简单的一个大等号表示二者效用相等，同时在上方提供此处关键知识“完全替代”，直观又清晰地给出了必要的材料。

在这门慕课的讲解中，教师采用活泼的色彩增强视频界面的创意性，形成活泼生动的艺术性视觉效果，用箭头增强视频画面的引导信息设计，起到了引导学习路径的作用。在同一公式中，随着讲解不断切换重点，一步步引导学生的注意力，较好地应用了突出关键信息策略，充分利用学生有限的认知资源，有效提升了学习效率，有利于知识未来的迁移。

这门课程在中国大学 MOOC 平台上有 40832 人参与学习，课程评分为 4.7 分，学习者的课程评价 1689 条。评论区的学习者评价主要为：

- 老师讲得特别好，而且视频和课件的制作也很棒，把重点概念和原理都写出来了，而其他的东西不会呈现在屏幕上。老师把经济学通俗易懂地娓娓道来，就算连着上十堂课也不会让人感觉到疲劳，很好的课。
- 相比书本中各种晦涩难懂的图像曲线，老师讲得清晰明了，课程的后期制作也非常完美。我是考前十天才开始学微观经济学的，认真听完老师的课，适当做一些习题，期末考试考了 94 分。
- 老师讲课很生动形象，将抽象的经济学理论通过简易的数学图表和具体事例讲解出来，深入浅出。学到了很多经济学思维，看很多经济现象更清楚了。

总之，突出关键信息策略主要体现在慕课的信息注意与呈现环节中，这是多媒体学习的第一个环节。网络学习的起点在于呈现的知识引起学生的注意，知识呈现的媒体选择和页面布局方式是知识组织的重要组成部分，符合多媒体认知原则组织的材料更能吸引学习者注意，有利于关键信息的捕捉、理解和迁移。

6.2.3 深加工策略

深加工策略是一种对新知识进行精细加工的策略，使学生能够将新知识与已有的认知结构联系起来，并寻求新知识背后的深层意义，促使新知识由短时记忆进入长时记忆，使其长久地被保存在记忆系统中。学习的过程也是"信息编码"的过程，有效编码也包括对信息的"深加工"。加涅指出，在"深加工"过程中，应注意在新习得的知识与已有知识之间建立各种关系，使提取变得更为容易；深加工的过程将无意义的刺激（要习得的一种符号）转化为与学习者已掌握知识产生联系的有意义刺激，从而使新符号有效地在长时记忆中被编码、贮存，并在需要的时候容易被提取。此外，为促进深加工而安排的外部条件必须有利于激活内部加工策略。

深加工策略可以通过对知识点进行深入细致的分析、加工，概括解释或给出要点、举例、对材料补充细节和做出推论等形式，寻求新信息与头脑中已有的旧信息之间的联系，或者使之与其他观念形成联系，或者使之与其他观念形成联想，进而挖掘字面背后的深层次含义，以此来增加新信息的意义，加深学习者对知识的理解程度。如果一个新信息与其他信息联系得越多，在头脑中对该信息的提取和回忆程度也越加容易和完整。

深加工策略对新知识进行一番"咀嚼"而使其更利于我们大脑"消化"和"吸收"，换句话说，它是一种对所学内容进行深度加工的策略，需要我们寻求字面意义背后的深层意义，将新学习的材料与头脑中已有的知识联系起来，通过某种方式对所学材料加以理解和记忆。经过精加工的信息会进入我们大脑已有的知识网络，以后需要的时候，我们会很容易把所需的信息检索出来，即使不能在大脑的知识网络中直接找出来，也能通过某种方式间接地把它推导出来。可以说，深加工策略在学习过程中发挥着重要作用。它能否灵活恰当地运用到学习中，从某种程度而言，决定着一个学生能否高效地掌握学习中所需要的大量知识。

深加工策略广泛应用于传统教学模式中，在互联网教育中也得到体现，在慕课设置中运用该方法可以深入挖掘知识内核，与已有知识建立联系，从而将知识迁移到其他学科领域。

“金融学基础”是中国大学 MOOC 平台上一门来自 D 大学的国家精品课程。在本课程第三讲第三节“债券的基本概念、一价定律与债券定价”中，授课教师运用了深加工策略来促进学习者对知识的迁移。

本课程重点讲解一价定律的内涵，授课教师以“债券为固定收益证券”这一特点为出发点，对学习者已有知识体系中利用“折现现金流现值公式”对债券进行估值的弊端进行分析，得出“寻找等价的固定收益证券及合适的折现率相当困难”的结论，对已有知识体系提出疑问并补充、重构，从而引出本节课的重点。

基于使学习者掌握知识点的核心内涵这一目的，在阐述“一价定律”概念时，授课教师逐一深入挖掘知识点本质、维持条件、应用前提，并出于培养学生灵活运用知识解决实际问题的目的将一价定律应用于附息债券定价中。

该慕课案例运用了深加工策略，质疑已有知识并重建知识框架，详细解释概念本质，以市场交易行为和运行机制深入挖掘维持条件，并将新知识应用于实际情境，层层递进，逻辑清晰；慕课设置精良，动画丰富，演示清晰，突出重点。策略的使用有效避免了学习者孤立、碎片化学习的现象，有利于学习者深入研究知识内在本质，便于学习者获取完整的、有意义的知识结构，有利于知识的正向迁移。

通过梳理、分析这门课程在平台上的学习者评价，得出如下数据。这门课程为国家精品课程，在中国大学 MOOC 平台上有 8283 人参与学习，课程评分为 4.7 分，学习者的课程评价有 168 条。评论区的学习者评价主要内容如下：

- 讲课能直击知识点核心，授课层层递进，有逻辑，讲层次，能够将前后知识点串联起来，知识有联系，不孤立。
- 老师讲得很棒，知识讲解深入、全面，联系性强，便于系统地全方面掌握知识。
- 从老师的讲解，我个人对原来认为非常高大上的金融产品有了一定的认识，从更加直观的感性认识，到有点抽象的理性认识，至少很多疑问得到了解惑，原来金融是这么回事。

总之，深加工策略并不局限于某种特定的教学模式，也不局限于某一学科，在传统教学授课中已有广泛应用，但网络环境下应运而生的慕课依托新媒体新技术，更便于利用类比、比较、质疑、扩展与引申深层次剖析和挖掘知识的内在含义和本质特征；便于利用视频、表格、图画等形式分析学习材料的内在关系，揭示知识的内在意义；便于利用记忆术、做笔记、提问、利用背景知识联系实际等加深对新知识的理解。在慕课设计上，关于深加工策略的应用可注意以下三点：探索新知识的深层次内涵，对新知识进行加工（揭示知识内涵，内涵推导、类比等）；将新习得的知识与已有知识之间建立各种关系，对知识进行深层次加工；对材料进行深加工需要有意识地设置活动，以外部活动激发内部加工，促进知识的深度学习和迁移。

6.2.4　概念图策略

概念图是 Novak 等根据心理学家奥苏伯尔的有意义学习理论提出的，用来帮助学习者建构和表征知识的心理工具。概念图典型地采用图示的形式，由一系列节点和连接组成，表征学习者对给定主题的理解和解释。其中，关键的概念叫作节点，节点被不同的路径和关系连接起来形成命题。概念图创作要求认知按照层级结构来组织，当学习者构建概念图时，他们必须深入思考如何把材料选择和组织到层级结构中，这一过程会诱导学生对材料进行精细化加工，探索知识间的可能联系。根据奥苏伯尔的认知同化学习理论，当学习者将新知识按照层级进行组织，同时探索不同知识间的可能联系时，有意义学习就发生了。

奥苏伯尔认为学习就是建立一个概念网络，不断地向网络增添新内容。为了使学习有意义，学习者个体必须把新知识和学过的概念联系起来。因此，概念图作为一种教学法策略，有助于教师组织和呈现教学内容，形象、直观地展现概念间的内在关系；能够帮助学生在正确理解的基础上建构起所学材料的具体意义；还可以帮助学习者组织、建构和整合信息。概念图的层级结构与知识在我们头脑中的贮存形式十分类似，它在基于有意义学习的教学中是十分重要和有用的认知工具。概念图作为一种行之有效的认知工具，能够支持、帮助学生摆脱对知识死记硬背的习惯，促进有意义的学习。概念图的绘制有助于学生将新的知识融入自己原有的知识结构之中，基于概念图的教学着眼于改变学生原有的知识结构，并力图帮助学生通过自己对知识的探索与建构，改造、充实并丰富自己的知识结构。

在慕课这一在线教育形式中，概念图教学策略的效果更为显著。概念图的优势是能够将原本枯燥的知识概念转变为生动形象的结构化表征，使各个知识点之间的关系清晰地展现出来，从而帮助学生厘清学习思路，使其更容易理解和记忆相关的知识概念。因此，在慕课教学设计中，教师更应积极利用概念图教学策略，引导学生对课程知识进行有效的归纳总结，丰富知识的结构性和联结点，从而更容易提取和迁移知识。

"管理会计"是中国大学 MOOC 平台上一门来自 X 大学的国家精品课程。该课程培养学生掌握在实际场景中应用管理会计方法的技能，以期提高其发现问题、分析问题和解决问题的能力。在这门课程的第一讲第四节——"管理会计的作用"的慕课中，主讲教师就使用了概念图策略来促进学习者的知识迁移。

老师把知识点嵌入概念图，通过对概念图的剖析讲解，将企业的管理流程分为计划和控制两个部分。管理会计服务企业的管理流程，也就相应地由"决策与计划会计"和"控制会计"构成，通过概念图形成目标、战略、控制、反馈、预测与决策、预算、业绩报告等多个概念的交叉结点，明确各个概念之间的联结关系。

这门课程在中国大学 MOOC 平台上有 7398 人参与学习，课程评分为 4.8 分，该课程共有 207 条评价。评论区的学习者评价的主要内容如下：

- 非常适合学习管理会计学的预习过程和加深理解过程。
- 课程内容很有逻辑，简单易懂。

- 课程组织合理，内容丰富，讲述清楚。

6.2.5　提炼内核策略

提炼内核策略是指在呈现新知识时，尽可能拨开表面的迷雾或干扰成分，直指知识的核心成分，挖掘其来源和本质的东西，揭示知识的本质或关键特征。在开始学习时，就让学生对知识的本质特征有一个清晰的、深刻的认识。

根据概括化迁移理论，对概念、原理或事物关键特征的识别是形成记忆恢复、掌握概念、促进学生知识迁移的基础，对原理或核心原则的揭示有助于学生理解知识的内在意义，从而使知识具有更广泛的迁移前景。应鼓励学生从具体情境中概括出抽象原理，从特定问题或例子中推衍出抽象的理论，有助于学生反思所学的技能，并将其迁移、运用到新情境中。

因此，无论在哪一个领域中，对于学科知识的学习，采用“提炼内核”策略进行教学都应当促进学生对新知识内在本质的理解。慕课课程中提炼内核策略的运用应当注意发挥慕课的多媒体呈现、视频演示等优势，帮助学生识别概念或事物的最关键特征，列举与概念或事物的关键特征相匹配的例子，通过多样的例子，巩固对概念或事物关键特征的理解等。

“古代汉语”是中国大学 MOOC 平台上一门由 F 大学开设的课程，由 7 位教师协力完成共 20 周的教学内容。课程教学能够让学生系统掌握古代汉语基本知识和基本理论；观察、研究具体古代汉语现象，掌握分析和解决语言问题的能力；关注古今汉语的异同和认知规律，更好地传承优秀的古汉知识和文化，为语文教学等工作打下扎实的基础。在这门课程的第三单元——“通论（七）判断句，也字”的教学中，主讲教师运用了提炼内核策略进行教学来促进学习者的知识迁移。

该知识点的讲解清晰地揭示了古代汉语当中判断句的核心本质特征。首先是明确判断句概念，讲来源，引特点，通过关键特征直击判断句的本质。接着通过讲句型、举例子帮助学习者理解核心特征，分别针对不同的句型进行举例，并用突出颜色的标识圈出关键词，条理清晰，重点突出，便于不同层次、不同类型的学习者全面系统地学习。接着又引申出判断句的复杂形式和需要注意的核心点，巩固对概念或事物本质特征的理解。评论区学习者评价的主要内容为：

- 很好，每位老师都有自己的风格，娓娓道来，帮我们系统地学习古代汉语，而不仅是解读文章，有很多追根溯源的汉字讲解，还让我们知道了很多俗语的出处与本义。
- 举例内容丰富且具有针对性，有助于学生理解知识点。课程信息量丰富，与教材同步，有助于自学者学习。
- 老师遵循理论和实践相结合、感性认识和理性认识相结合的原则，注意循序渐进、由浅入深，注意古今沟通、辨析异同，注意讲练结合、学以致用。

提炼内核策略是促进知识有机组织的重要策略，也是概括化迁移理论的重要体现。在慕课课程设计中，要认识到知识点得以迁移的重要原因是概括出了知识的普适性原理，在慕课教师的教学视频、慕课的拓展材料模块及课后作业中都要引导学生运用抽象思维和概括能力，把知识的核心原则抽象概括出来。

6.3　促进情境认知的教学策略及慕课案例

在迁移的发生机制中，情境是一个必备要素。迁移是实现知识在新情境下的应用或解决新的问题。对知识的学习应加强对其应用背景的把握和应用情境的认知。学习应该与情境化的活动结合起来，即进行情境性学习。在慕课中，由于一定程度上缺乏面授课堂的师生交互和情境创设环境，在慕课的课程设计和制作中更要以学习者为中心，注重发挥慕课的多媒体特点，在教学中恰当安排情境设计，基于情境、基于案例、基于问题解决安排学习活动，使学习者在创设的情境中参与建构、掌握、控制自己的认知过程，最终实现认知和迁移能力的提升。在慕课的教学策略选择上，可以运用抛锚策略、认知学徒制策略、仿真情境策略等。

6.3.1　抛锚策略

20 世纪 80 年代后期，布兰斯福德等提出了抛锚式教学（anchored instruction）。抛锚式教学策略要求学习过程建立在有感染力的真实事件或真实问题的基础上，倡导要创设逼真的情境和问题情境，确定这一情境或问题的过程就像轮船被锚固定一样，一旦确定了问题或事件，教学内容和教学过程也就基本确定了。抛锚策略中的“锚”一般安排有情节的问题情境或故事，且其设计要有利于学生进行探索。在这一策略运用中，“锚”的设置是核心步骤，其目标是能引领学生注意到情境或知识的关键特征。

抛锚式教学策略包括：将学习置于问题情境中，促进学习者对情境的理解，多角度考虑分析问题，用去情境化的方法抽象问题，以促进迁移。这就要求我们的教学起点始于真实情境，在对信息进行不断的提取与筛选的过程中，逐步剔除一些相对次要的信息，保留相对重要的信息。在这个过程中，学习者学到的知识是真实可靠并且可以灵活应用的。

慕课平台借助于新媒体技术以及互联网上丰富多样的多媒体信息，有利于创设逼真的情境。所以，慕课可以在真实情境的基础上合理设置知识存在的“锚”，通过情境“抛出”与知识相关的问题，问题解决可以推动学生进行建构性、协商性以及实践参与性学习。此外，通过教师引导学生从事主动性、生成性学习，可以增加知识迁移的可能性。

抛锚策略在英语、数学、物理、化学等各学科慕课课程的设计中都有其发挥优势的地方。例如，“概率论与数理统计”是中国大学 MOOC 平台上来自 C 大学的国家精品课程。这门课程结合实际案例教授概率论的基本概念、演算和推理，还包括各种社会、经济、工程等背景的应用案例以及软件操作。在这门课程的第一讲随机事件与概率的一节贝叶斯公式中，教师就使用了抛锚策略来实现学习者对知识的迁移。

在这一知识点中，教师开篇通过引入情境进行抛锚："学生向银行贷款被拒，询问教师银行信用评估具体原理。"这一真实的问题情境源于生活，能够有效地激发学生的学习兴趣。同时，在问题情境的不同细节中，设计进一步探索问题的建议和暗示，如"银行解释其对用户的信用记录采用概率评估"，以利于学生的自主探索，使学生注意到问题情境中一些关键性的特征，使学生从新的视野发现问题，加深理解，从而促进学生提出和解决复杂问题的能力。这个真实情境就是"锚"，"银行信用评估原理"是学生从中确认的关键问题，也就是贝叶斯公式，问题有一定的障碍性以促使学生寻求新的解决问题的方案，促进理论与实际的联系。

教师适时向学生提供线索，联系上节的知识"全概率公式"，通过再次阐述全概率公式的原理，与贝叶斯公式形成对比，构建与熟悉知识的迁移，复习的同时加深对知识的理解，进而引出贝叶斯公式的原理。接下来，阐述具体的表达式，并点明贝叶斯公式的实质。最后，教师回到开头的情境中，再次解读"锚"中的问题，并用贝叶斯公式实际计算解决问题，首尾呼应，强调知识的应用情景，同时在实际应用中加深学生对知识点以及学习目的的理解，使学习者能更自然地进行知识迁移。

教师在开头通过录制的视频展示真实情境，吸引学生注意力的同时，给予多种感官的综合刺激，激发学生的学习兴趣和认知主体作用，充分发挥慕课的多媒体技术优势，一步步引导学生从一个真实故事的"锚"入手，体会不同方案解决该问题的可行性，探索线索。通过慕课将日常生活情境中学习和解决问题的特性融入课堂教学，使学生沉浸在真实世界的情境中，提高其在生活中发现和解决问题的能力，揭示贝叶斯公式在实际生活中的应用，促进对知识的迁移。

这门课程为国家精品课程，在中国大学 MOOC 平台上有 12992 人参与学习，课程评分为 4.8 分，学习者的课程评价有 1044 条。经过梳理统计的课程情况和评价情况，评论区的学习者评价的主要内容如下：

- 老师的视频教学内容生动有趣，知识点讲解十分透彻，重点突出，通俗易懂，关键还有穿插案例，充分地调动了我的学习积极性。

- 数理统计里面一些知识不是很懂，抱着寻宝的态度来看看，结果收获良多。老师将实例与理论结合起来，讲解得通俗易懂，建议多几门这样类型的网络课程。学生在课堂上没有解决的疑问，能在这里寻找到答案！
- 老师讲得特别棒，课后再看一遍许多不清晰的点都或多或少有了新的收获。特别是老师在例题中结合了现实生活的因素，如银行信用问题等，都是我们日常生活中能用到的，让我们对“学以致用”四个字有了深切的体会。

总之，抛锚策略的基本原则是教学活动围绕“锚”展开，通过利用慕课的多媒体及视频优势创设真实的故事情境，将知识内嵌于问题解决中。在运用抛锚策略时，要注意慕课的多媒体性和网络性是用来创设情境、进行互动交流和协作学习的认知工具，教师不再是传统教学中知识的传授者，而是教学过程的组织者、引导者，帮助和促进学生在“锚”当中完成知识建构。

6.3.2　认知学徒制策略

认知学徒制策略以情境认知与学习策略理论作为基础，是一种学习环境设计思想和教学策略。该策略结合了传统学徒制与学校教育的特点，师傅（专家）引导学徒（新手）在真实情境中学习，通过示范、指导，搭建脚手架，专家的思维过程外显给新手，新手通过观察、清晰表达、反思及探究，师徒双方思维过程的可视化，实践共同体成员之间的交流互动，主动建构自己的知识体系。

美国教育心理学家约翰·希利·布朗（John Seely Brown）和阿兰·柯林斯（Allan Collins）等于1989年首次提出了“认知学徒制”的概念，通过引入该概念揭示了知识与学习的本质——学习是学习者与知识以及知识得以产生的活动、情境和文化互动的结果。作为一种新的学习环境理论和教学模式，认知学徒制在教学范式逐渐转向以“学”为中心、对学习的研究逐渐转向情境认知的背景下问世。它兼顾了传统学徒制与学校教育的优点，实现了教学模式的创新。认知学徒制的理论框架由知识内容、教学方法、学习活动顺序和学习的社会性四个维度构成。认知学徒制试图实现教学与实践一体化，这种模式可以让学习者更好地领悟书本上的东西，让更多的学习者更快地适应社会工作要求。

认知学徒制策略是从传统的学徒制中衍生出来的一种新的教学方法，这种方法是一种高效的教学策略，通过老师或专家的示范、搭建脚手架、指导以及反思和探究等方式将现代核心知识和技术教授给学生，学生在专家这种亲身示范的背景下，能够通过模仿将知识进行运用，在运用过程中反思自己的不足，并将知识迁移于其他领域。借助于互联网和媒体等技术应运而生的慕课也可以采用认知学徒制策略进行教学，教师可以利用网络技术把更多专家的知识和思维方式传授给广大学生，例如，在讲解知识点的同时通过视频、插播等形式由行业专家等向学生深入剖析知识点，或者进行示范等演示让学生能够更好地吸收并掌握知识，从而将所学知识付诸实践并迁移至其他领域。

“创业基础”是中国大学 MOOC 平台上来自 J 大学的课程。该课程的第四章第六讲“如何展示商业计划书”就运用了认知学徒制来促进学习者对知识的迁移。在这一讲的知识点中，教师采用专家现身说法的方式向学生讲解如何展示商业计划书。

首先教师介绍专家及其相关经历，引入认知学徒制。

专家剖析了从他的经历和感受来看待、处理和判断创业中一些常见的现象，站在创业者和投资人的角度来体现他思考创业这件事情的思维过程，引导学生如何在创业过程中解决各方面的问题，并在创业者展示商业计划书上给出合理的建议。最后，教师对专家的指导和建议做出精彩点评。该课程较好地体现了认知学徒制在慕课教学中的应用，即通过专家现身说法的方式亲身示范和指导学生，使学生能够站在专家的角度，学习专家运用知识的思维方式，解决生活中的问题。同时，本节课的内容不仅可以迁移至学生的创业过程，在人际沟通与交流、展现各种计划书等领域都有广阔的迁移空间。

评论区的学习者评价主要内容如下：

- 老师讲课超级好。应经常请专家讲课，感觉专家可以传授经验，理论结合实践可以让我学到更多的东西。

- 授课内容丰富，还有真实的企业家访谈，受益良多。
- 课程内容充实，老师讲述很好，非常喜欢这种邀请实干企业家亲自讲述关于创业故事的形式，大爱这门课程。
- 老师讲的课思路很清晰，结合江财毕业出去的各类创业人才以及创业成功的实体企业做详细的课程分析，并且通过各大公司的经验（小米等）来做课程知识点的巩固，通俗易懂。
- 对创业有了更加深刻的了解，脑中也逐渐产生了较为成熟的创业思路，也认识到了自身的许多不足，今后将加强在这些方面的学习。
- 正好在进行相关的创业比赛，里面讲的如何写商业策划书真的很有用，强推强推，发现自己离创业成功又近了一步。

总之，认知学徒制策略在慕课中有其实现的独特优势，慕课的短视频教学形式非常适合展示专家或学者对知识点的理解与思维过程，且一对一的形式有助于实现师傅带徒弟的学习效果，帮助学生跟着专家的认知地图深入领会知识背后的思维过程。同时，在慕课中设计该策略时，要注意根据认知学徒制的内涵进行合理设计和安排。如教师要对教授知识进行深入讲解，做好知识铺垫；教师要在讲解过程中通过视频示范、指导、搭建脚手架以及反思探究等形式让学生能够真正掌握这些知识并学会运用；教师要对讲授知识进行小结，帮助学生梳理知识体系，促进学生实现知识迁移。

6.3.3　仿真情境策略

仿真情境策略是通过计算机技术将学习过程从教师口述转变为学生身临其境的一种教学策略，借用慕课这一多媒体平台，可以高效地实现仿真情境与学生之间的互动，使学生在仿真情境中获取知识，增添课程趣味性和对知识理解的深度，有利于学生对知识的融会贯通，进一步促进知识的正向迁移。

虚拟仿真技术的兴起解决了教学过程中实践条件不具备或实践运行困难的问题，将慕课与虚拟仿真技术相结合，有利于提升学生的学习感知度与综合实践能力。使用仿真情境策略可使实验教学或知识学习免于硬件设施的限制，有利于学生更好更深刻地理解理论知识，提高教学质量和效率，深化学生对实践操作和实践性知识的印象。

目前，在一些慕课中仿真情境策略得到了应用。“地球科学概论”是中国大学 MOOC 平台上一门来自 G 大学的国家精品课程。该课程通过对地球相关知识的讲解，培养学生对常见矿物岩石的识别能力，并能解读常见地形地貌及地质景观的成因，并进一步加强学生对人与自然和谐发展理念的理解。在课程中使用了仿真情境策略讲解找矿技术方法、地球隆起等知识点，有效促进了学生对该知识向真实情境的迁移应用。

此外，“土木工程试验与量测技术”是中国大学 MOOC 平台上的一门国家精品课程，该课程的第四讲“静力三轴压缩试验”中，采用虚拟仿真试验的方法，借助于计算机和多媒体，真实模拟实验设备和场景，使学习者视听一体化，打造不受时间和地点限制的学习环境，灵活开展实验教学，在讲授过程中仔细地传达每一步的操作指令，使学生对该实验有更为直观的了解和更深刻的记忆，培养学生理论与实践结合能力。

在本慕课知识讲解过程中，教师充分利用了慕课平台的优势，使学习者的学习方式多元化，同时引入虚拟仿真试验平台，通过语言、实体操作以及虚拟仿真操作，使学习者学习过程更加真实，并避免了材料的浪费和机械的消耗，又兼顾了学习的有效性，使学生对该实验有了全面的认知，可通过反复操作，达到对实验过程烂熟于心，并且更容易得到偏差最小的实验结果。通过该实验可以研究土壤的抗剪强度特性，对材料学、建筑学等学科知识的学习有正向迁移作用。

通过梳理、分析这门课程在平台上的评论区数据发现，该课程在中国大学 MOOC 平台上有 2552 人参与学习，课程评分为 5.0 分，学习者的课程评价有 3986 条。评论区的学习者评价的主要内容如下：

- 通过慕课我们可以学习到一些无法实际操作的实验，而且可以反复观看，有利于学习透彻，而且每一步都有文字讲解，可以清楚理解实验步骤。将老师的讲解与虚拟仿真试验结合在一起进行演示，很具有创意性！

- 课程条理清晰，内容翔实，实验步骤清晰完整，发人深省，能让我很好地巩固理论知识。
- 这门课程博大精深。其内容的深度、广度在我所学习过的慕课中罕见。该课程以精美的视频制作、翔实的文案及内容准备，为所有学习该课程的学子提供了一场知识与实践的饕餮盛宴。仿真与实操结合、讲解与示范俱进，学习这门慕课，真令人受益匪浅。
- 相比线下现场教学，视频中通过虚拟实验与视频教学演示，我能更好地了解仪器的操作步骤，对仪器的各种按钮及其功能有了更详细的认识。

总之，仿真情境策略是非常适用于慕课的教学策略，虚拟仿真、计算机技术和网络环境都是慕课实现仿真情境策略的天然优势。虚拟现实能使使用者感知到自身作为主角存在于模拟环境中，更加丰富对知识使用情境的感知，有利于知识的提取和应用。随着虚拟仿真技术的不断发展，未来仿真情境策略在慕课中拥有更为广阔的使用空间。

6.4　促进心向建立的教学策略及慕课案例

慕课学习具有师生分离、学习时间自由、学习内容碎片化等特点，学生的自我意识、自我监控和自主学习水平很大程度上影响着慕课在线学习的效果。因此，旨在促进学生学习迁移的慕课的教学设计应当特别关注学生元认知能力的培养和迁移意识的激发，要采取教学策略引导学习者对自己的学习情况以及完成学习目标的程度进行反思和评价。一方面，要在完成教学任务时引导网络学习者把慕课学习的过程和问题解决的过程作为对象进行反思和评价，运用反省性和批判性的思维方式，对整个学习活动过程进行有效调控，以促进对知识的深入理解和问题解决，促进学生学会学习、自我发展；另一方面，要在学习前、学习中、学习后注重激发学习者在慕课这一网络学习形式中的学习迁移意识，促进学习者有意识地寻找学习知识和应用价值之间的联结，积极迁移心向的学习更有利于将学习结果导向迁移的深度学习。慕课中促进迁移心向的教学策略可以选择适时提问策略、交互反馈策略和元认知策略。

6.4.1 适时提问策略

适时提问策略是指在恰当的时候用带有启发性引导性的问题引导学生对这一知识的应用前景和应用情境进行思考。慕课课程的线上教育形式减少了师生之间的交流，因此不可避免地导致了提问效果下降的问题。但利用新媒体、互联网技术更易使适时提问策略效用最大化，慕课课程可以通过插入图片、视频等创设多元问题情境激发学生兴趣，引导学生发散思维，深入挖掘知识内涵，主动思考问题应用场景，从而达到知识的正向迁移。

在慕课教学设计中，教师应针对教学内容科学设置提问时间，可以是前置性问题、后置性问题或中间插入性问题，并及时对问题进行反馈，层层剖析，逐步引导学习者寻找答案，帮助学习者积极建立知识应用心理思维。

“组织行为学”是中国大学 MOOC 平台上一门来自 Z 大学的为期 16 周的国家精品课程。该学科综合运用了心理学、社会学、人类学、经济学和政治学等多门学科的知识，旨在协助学习者运用所学的理论知识和相关技术去解决实践中遇到的员工管理方面的问题，提高管理者的管理效果。在本课程第一讲第一节“什么是组织行为学”中，授课教师充分使用了适时提问策略来促进学习者对知识的迁移。

为激发学习者对该门课程的学习兴趣，在课程开端知识引入时，授课教师抛出问题“组织行为学是一门什么样的学科呢”，该问题属于前置性问题，在课程开端增加学生在课程中的参与程度，引发学生思考。随后，授课教师从学科授课人群、课程重要性等方面对问题做出回答，并引入现实情境中“酒店客户关系管理”的实例了解管理者管理能力培养的重要性，引发学生对如何使员工达到管理者希望的状态展开思考，最后落脚于组织行为学的概念、研究内容和研究目标。

为进一步理解组织行为学的研究目的和应用情境，帮助实现组织目标的学科进行类比、区分，并引入第二个问题“组织行为学是从哪个视角来帮助实现组织目标的呢”。该问题的设置将组织行为学与同类学科进行区分，并引发学习者从学科应用角度展开思考。随后，授课教师对所提问题及时开展讲解。为进一步剖析组织行为学管理目标的实现路径，该慕课抛出第三个问题“如何能更好地解释、预测、控制和引导人的行为呢”，引导学习者主动思考行为背后的规律，主动思考管理者与被管理者之间的作用机制。

在对该问题进行剖析时，授课教师运用了思维导图，并层层递进设置问题，对传导机制进行研究。通过提问“管理措施是不是有效呢”，使学习者思考如何才能使管理措施发挥积极作用，反向考虑就得到了管理者与被管理者之间的作用机制。

该慕课案例充分运用了适时提问策略，在概念引入、了解研究内容和研究目标、剖析组织行为学作用机制时，先后设置前置性问题、中间插入性问题，对学习者进行引导性回答，使学习者深刻理解学科本质、学科特征、作用机制，在教师解答下对预设应用情境做出补充。该慕课教学设置中，充分发挥了慕课所具有的动画演示、图片揭示、图表展示等优势，以现实中场景作为背景，对现实中实例进行分析，并在讨论区对当下热点、典型案例展开讨论，深刻揭示了组织行为学的学科内涵和应用场景。

该门课程在中国大学 MOOC 平台上有 6926 人参与学习，课程评分为 4.8 分，学习者的课程评价有 1280 条。评论区的学习者评价主要内容如下：

- 能够让我掌握很多组织管理的理论知识，在实际工作中进行灵活运用，根据实际工作情境在理论的指导下探索更加适合的方式方法。
- 之前一直没有系统学习过“组织行为学”，这次先学了“管理心理学”，再学“组织行为学”，有种豁然开朗的感觉。在理论框架上有了新的突破。有些理念马上可以在实践中验证，特别是有关知人善用、人岗匹配的管理理念，在招人、育人、用人、留人方面有很大的实用性。

总之，在慕课中运用适时提问策略，授课教师要积极引导学习者对知识点的本质要素、内在关联和应用前景进行思考，善于运用前置提问、插入提问、后置提问等引导学习者在掌握了知识点背后的作用机制之后来解决实际中的问题，促进正向的知识迁移。

6.4.2 交互反馈策略

林崇德教授等在其所主编的《心理学大辞典》中写道："利用反馈，将学习结果及时提供给学习者，可增进反应效果。"反馈对教学具有重要意义，因此在整个教学过程中，应及时有针对性地采用合适的反馈策略，在老师和学生所组成的教学系统中，形成良性的反馈循环，在师生反馈、生生反馈以及学生自身反馈中不断实现教学相长，促进学生在交互反馈中深度学习，实现知识迁移。获取及时性反馈可以使学习者重新审视学习，修正学习中的缺陷与不足，帮助学习者明确学习目标，监控学习过程，理解学习的困难之处并突破障碍，促进学生树立迁移的心向。Mayer 的研究结果表明，接受解释性反馈的学生比只接受正误结果反馈的学生成绩高。Jensen 等指出，反馈会修正深度加工的过程和结果。McCarthy 的研究数据证实，反馈促进了直接迁移成绩的提升。通过及时反馈，学生对知识产生深度的思考，促进学生自主提升，为知识的正向迁移提供更多的可能性。

交互反馈策略不仅可以运用在线下教学中，在线上的慕课教学中也同样拥有运用空间，具有一些传统教学所不具备的优势。在传统教学中，教师通过口头反馈和书面反馈为学生提供相关的指导，耗时长、任务重，对学生和教师都是一种考验。而通过慕课，面向大规模的学习者，教师可以充分利用网络环境，多次开展反馈活动，一次反馈受众较广且用时相对较短，反馈效率提高，也可对个别学生有针对性地开展反馈。交互反馈为老师与学生搭建联系的桥梁，通过老师对学生作业的及时反馈，学生可以及时巩固所学知识，通过对学生学习态度的及时反馈，可以强化学生的学习动机。伴随着师生反馈的还有老师对学生情感的及时反馈，这是对学生关心爱护的一种体现。在慕课教学中，教师和学生通过交互反馈，教学相长，不断促进师生的共同发展，在此基础上，将知识迁移到其他领域。

“地球科学概论”是中国大学 MOOC 平台上一门 17 周的课程，来自 G 大学的国家精品课程。该课程培养学生对常见矿物岩石的识别能力，能解读常见地形地貌及地质景观的成因，并进一步加强学生对人与自然和谐发展理念的理解。

该课程充分利用慕课的讨论区、答疑区、作业区增强师生、生生之间的交互反馈。在本节课程视频教学结束后，教师在讨论区发起对所学内容的讨论，教师就“地质作用有什么特点”这一问题展开讨论，该问题作为本节课的重点内容，被老师作为讨论问题呈现在讨论区，在交互反馈中促进知识的牢固掌握与反思迁移。

教师通过运用交互反馈策略，加深了学生对重点知识的记忆，而公开的讨论区则为学生及时反馈的内容提供参照，学生之间互相对照，把学习的自主权真正交给学生，从侧面督促学生端正态度。

该课程还注重知识的延展迁移。教师在讨论区提出“我国地质学起源于什么时候”这一问题，并给学生提供课外参考资料，让学生在探寻答案过程中了解更多相关知识，学生经过思考各自形成对此问题的独特认识，在讨论区及时反馈。慕课公开共享的优势为及时反馈策略的应用提供了便利，在此过程中不但实现了教师对学生学习成果的反馈，也通过学生对其他学习者呈现的学习成果实现了自我反馈。

同时，教师在讨论区发起开放性讨论“说说你心中的‘地质’”，该问题对学生进行启发式引导，理论联系实际，加深学生对本节内容的理解；与此同时，学生在讨论区各抒己见，不同的见解为学生的自我反馈提供了条件，进一步引发学生对知识的深度思考。

测验是教师对学生进行及时反馈的重要手段，教师在课程结束就本节内容进行测验，根据本课程的课程表要求，课程测验有相应的截止时间，学生需在有效时间内提交，更有利于学生对知识的及时掌握。此次测验的题目设置为 2 个单选、5 个判断、3 个多选，题目数量设置合理，设置形式多样，慕课的技术优势、缩短的反馈时间，更有利于教师通过及时反馈了解学生掌握状况；与此同时，学生通过该反馈内容，对自身不足有了充分的认识，能够及时调整学习计划。

作业作为运用交互反馈策略的一种手段，可以进一步加深学生对知识掌握的熟练程度。教师利用慕课的作业功能，在本节测验之后给学生布置了相关作业，作业内容围绕本小节内容展开，题目为 3 道，且学生需对作业进行互评。课程对作业提交、作业互评截止时间的规定是运用交互反馈策略的一种表现。通过互评作业，学生之间互相反馈，促进双方对知识的理解，进而促进学生对知识的正向迁移。

经过讨论、测验和作业，学生对知识点的理解还会存在一定的偏差，这时学生可通过慕课中老师答疑区向老师进一步提问。慕课公开的网络优势让学生对知识有了更深层次的理解，且开放性问题的提出也为学生将所学知识迁移到其他科目提供了有利的条件。

总之，该慕课案例充分运用交互反馈策略。首先利用慕课网络资源共享以及技术先进的优势，再采用图片形式增加视觉上的冲击进而加深学生对地质学相关知识的印象，为交互反馈策略的应用做好铺垫，之后分别采用讨论、测验、作业、答疑的形式进行师生反馈、生生反馈以及学生自身的反馈，教师的启发式教学可以帮助学生将地质学知识迁移到其他方面的学习，如矿产资源和基建工程。将交互反馈策略贯穿课程始终，不仅能够帮助教师及时了解学生对本节内容掌握情况进而及时调整教学计划，而且合适的反馈方式也可激发学生的学习兴趣，为正向迁移所学知识提供条件。

通过梳理、分析这门课程在平台上的学习者评价，得出如下数据。这门课程为国家精品课程，在中国大学 MOOC 平台上有 1743 人参与学习，课程评分为 4.7 分，学习者的课程评价有 97 条。评论区的学习者评价的主要内容为：

- 互评让自己认识到了自身的缺点以及见到了同样学习这门课程的朋友们的学习状态与成果，是一种很特殊的交流方式，我认为非常不错。
- 视频课与课下讨论相结合，再配以相应的问题引导，学得更加扎实；

课件精美，能够极大限度地调动学习者的学习兴趣。

- 课后的问题开放性很强，可以充分发挥我们的想象力，还有课后知识文库补充，总的来说很好。

总之，慕课教学有其自身学习者规模大、交互空间多等优势，在运用交互反馈策略时应注意以下几点：在布置作业方面应做到题目精选，题目格式设计合理，作业发送时机恰当，以达到有针对性地巩固提高学习内容的目的；在交互反馈机会方面应做到在对每个学生交互反馈机会均等的基础上又有针对性和差异化；在反馈呈现方式方面应充分利用讨论区、作业区、测评区、答疑区等，注意做到反馈及时恰当，进一步激发学生的学习兴趣和迁移心向。

6.4.3　元认知策略

元认知策略是运用元认知对认知过程和结果进行有效监控和调节的策略。元认知策略控制着学习的流程，监控和指导认知过程的进行，包括计划策略、监控策略和调节策略。计划策略是学习者在学习前制定一个合理的学习目标和详细的学习计划，监控策略是指学习者根据学习目标对学习的过程进行有意识的监控，调节策略是指学习者对自己的学习过程进行评价，并根据学习结果对学习计划和学习进程进行适当的调整。

许多研究结果证明，元认知策略能够提高学习者学习的有效性和迁移的意识性。结合实际学科内容来教授元认知策略，不但能够促进学生对学习内容的掌握，而且可以提高学生的学习能力，引导学生提高迁移的主动意识和监控能力，从根本上促进迁移的产生。网络课程的优势在于，可以结合不同学科的特点，利用多媒体呈现方式和非线性的页面组织形式，在诊断学生个性特征的基础上，将适合这一学科的元认知策略渗透在学习过程设计之中，从而促进学生元认知的发展，促进所学内容的迁移。

元认知策略不仅是一种能够广泛运用于线下课堂的学习策略，而且还能够结合慕课课程进行教学。慕课依托新媒体技术，教师在进行线上授课时向学生深入解释和分析应该如何有计划地去监控自己高效完成学科知识内容的学习，并对完成的效果做出评价和调整。在慕课教学中运用元认知策略不仅能够教会学生相关知识，并且能够从这些认知中引导学生如何自我计划、自我监控和自我评价，培养具备自主迁移的能力，从而把这种能力迁移到其他学科进行运用。

在当前慕课中，可以看到元认知策略教学的具体应用。例如，“管理沟通：思维与技能”是中国大学 MOOC 平台上来自 H 大学的国家精品课程。该课程对于帮助学生理解沟通基础知识、培养沟通思维、掌握沟通技能、提升解决实际管理问题的能力具有重要的实用价值。在这门课程的第四讲第二节内容“三步写作法”中，教师就使用了元认知策略来实现学习者对知识的迁移。

在这一节知识点的讲解中，教师并不是简单地告诉同学们写作的概念、特征等表面知识，而是运用了元认知策略来教授同学们如何才能够监控自己的认知过程，从而完成一篇高质量的作文。该慕课讲解了三步写作法及思维步骤，启示同学们可以按照这样的思路进行写作。

在每一个步骤的讲解中，均贯穿了引导学生的元认知思想，监控和反思每一步骤的特点。在计划制订环节，指出计划对于整个写作来说至关重要，占据整个写作的 50%的时间，教授学生如何分析情况、确定受众和选择正确的媒体；在写作环节，指出核心内容，即敏感性分析和信息编写，并指导学生在写作过程中需要注意一些词汇、语法等问题，引导学生思考如何才能够按照计划提纲高效地完成写作内容，提升自身监控水平；在评价阶段，指出学生需要对自己的写作内容进行评价、修改和完善最终才能够发布，并且对于如何完成这些步骤给予指导，体现了元认知策略中的调节策略。从整个教学过程中都可以看出教师在运用元认知策略进行教学，不但向学生讲授了知识，而且还能够培养学生自主地制订计划、自主监控和自主评价的能力，并且这些能力可以运用于生活中的方方面面。在本节慕课课程中，教师运用表格、逻辑图和文字等形式充分发挥慕课的信息呈现优势，一步步引导学生如何运用三步写作法高质量完成写作，真实有效地引导学生应用元认知策略调控自身知识掌握和迁移应用，培养了学生自主计划、自主监控、自主评价、自主调节的能力，并有利于知识未来的迁移。

评论区的学习者评价的主要内容如下：

- 老师讲课非常注重知识的运用，是真正在用自己的教学方法和策略去帮助学生学习，并且希望学生具备独立自主学习的能力。
- 老师讲课十分生动，内容充实丰富，不仅仅在讲解知识点，还在于引导和培养学生的自主学习能力，这些能力有助于解决生活中的很多问题。
- 虽然是网上慕课形式，但管理沟通课程的内容还是相当丰富精彩的。老师上课时也分享同学的演练并进行讲评，比较注重实践和引导，收获颇丰。感谢中国大学慕课，感谢本课程团队。
- 学习了管理与沟通，我感觉自己进步非常大，无论是对我的生活还是工作，都起到非常大的作用。我会努力学习，争取发挥到极致。对于不善于沟通的我，通过这次的慕课学习了一些沟通的技巧、方法，可以很好地运用到工作、生活中，让我敢于沟通、善于沟通，性格也变得越来越乐观。

6.5　促进知识提取的教学策略及慕课案例

提取是知识迁移得以发生的前置条件，在慕课情境下如何促进提取更是值得关注的问题。在慕课教学中促进提取的教学策略可以从三个方面来考虑：一是对知识进行有效编码和存储，优化提取的路径；二是丰富知识间的联结和获取知识时的相关情境与条件，为学生提供更多的可激活知识的线索；三是发挥提取练习效应，开展适当的提取练习。

6.5.1　明确可用条件策略

认知主义认为，不仅知识本身必须被贮存在记忆中，而且运用知识的条件也要被贮存在记忆中。明确可用条件策略是指在初次学习知识时，有意识地告诉学生该知识的可应用情境，并概括出可用情境的关键特征。这样，当含有关键特征的可迁移情境出现时，学生能够更容易地识别出来。在学习中，不仅知识本身必须被贮存在记忆中，而且运用知识的条件也要被贮存在记忆中。有些人认为，在教学过程中，只需要教给学生某一知识本身，关于知识的应用可以靠学生自己将来慢慢体会，这种想法是有偏差的。事实上，只有一小部分迁移能力较强的学生可以实现知识的自动迁移，大多数学生在初学一个陌生的知识时，并不知道在什么样的情境下可能用到这一知识，通过文字和示例等方式对可用情境进行概括和展现，可以将可能出现的情境预置到学生的脑中，明确可用条件策略会增加学生在今后可迁移情境中提取该知识的可能性。

明确可用条件策略在传统的教学中已有广泛应用，在网络环境下应运而生的慕课中，通过图片、示例、文字等展示知识的可用条件，通过明确可用情境的关键特征，使学生明确知识点的可用情境，更好地熟悉自己要掌握的知识，了解所要解决的问题，主动进行知识的意义建构，并且能更好地将所学知识和技能迁移到新的环境中。促进学习者知识建构，可以不断激发学习者的学习动机与学习兴趣，让学习者在具体的知识应用中准确识别可用条件，从多种角度真实深入地建构知识的意义，对所学知识技能的有效迁移具有很大的支撑和促进作用。明确可用条件策略使知识可用的条件更加明确，更易把所学知识迁移到其他课程以及应用中。对于抽象的概念和原则，在明确可用条件的策略下，使得学习者对知识的架构更加明确，为迁移做更加充分的准备。

目前，在一些慕课中明确可用条件策略得到了应用。“内科学（呼吸系统疾病）”是中国大学 MOOC 平台上一门来自 X 大学的国家精品课程。课程不仅重视知识点的讲解分析，通过明确可用条件策略，在掌握的基础上也有利于在诊断、鉴别诊断的过程中注重医学逻辑思维的建立，注重医学人文精神的培养，并普及预防及保健康复知识。在这门课程中，教师就多次使用了明确可用条件策略来实现学习者对知识的迁移。

在该慕课课程“支气管扩张”知识点的讲解中，首先教师从症状和体征两个方面明确了支气管扩张典型的临床表现，使得学生在见到这种具有明确条件的特征时准确识别病症。其次，对早期、慢性者、严重者体征进行明确，展现了支气管扩张典型的影像学表现，使学生能够在今后的应用中及时提取明显特征，做出正确判断。通过区分不同条件下的治疗方法，例如，在急性感染期、在反复咳血不宜手术期、在反复感染及单侧病变期等条件下的治疗方案。运用明确可用条件策略使学生对治疗方法的选择更加明晰，有利于将知识迁移到临床上。此外，在讲授体位引流这一知识点时，通过对不同支气管扩张下所应采用的理想体位进行明确，有利于实践中对应用条件的准确把握。通过多次明确可用条件使得学生对临床表现、症状体征特点更加明晰，为选择治疗方法打下基础，对知识点以后的具体用法更加明确，可加强学生对知识全貌的理解，使其学到能灵活提取有用的知识。最后，通过进行总结再次加深学生对可用条件的印象。如果不明确这样的可用条件，就会造成知识的混杂，与其他知识不能串联起来，阻碍知识的迁移，而本课程的老师多次巧妙地运用明确可用条件策略，帮助学习者更好地组织记忆知识，促进了知识在情境中的学习，使学生对知识把握更加准确，无论是在日常生活还是临床应用中都能较好地促进正向迁移。

这门课程在中国大学 MOOC 平台上有 9038 人参与学习，课程评分为 4.7 分，学习者的课程评价有 767 条。评论区的学习者评价的主要内容为：

- 在新冠疫情期间学习了这门课程，掌握了一些呼吸疾病的病理病因以及预防治疗方法，非常好。
- 能抓住重点，基本上看过一次后原则性东西就可以记住了。我喜欢这门课，简单明了，又实用接地气。
- 这门课程让我学到了很多，虽然我不是医学专业的学生，但是了解了很多知识。谢谢老师为我们提供这样一种了解疾病，特别是这种呼吸道类疾病的知识要点。

总之，明确可用条件策略是有利于知识提取的重要策略。在学习知识点时，就明确其提取的条件和情境，促进知识在头脑中的条件性储存，明确激活知识的线索，使知识在一开始学习时就与线索和条件共同储存在脑中，有利于未来正确提取知识。

6.5.2 丰富联结策略

丰富联结策略是指对学习内容进行梳理、串联、整合，将散状的知识点通过勾连，结点成线，织线成网，构网成块，在脑中组成立体关联结构的过程。结构化知识将知识点间有机联结起来，形成具有整体性、系统性、层次性的“类知识”，它集中体现了知识形成过程中的思想方法及价值观念，并为提取知识提供了立体多样的激活点，激发了知识提取的线索和路径。在学习中创建结构化知识，有利于学生很好地抓住知识之间的本质联系去迁移解决新问题，促进学生的意义理解和思维发展。丰富知识间联结点的思路方法有助于学生在面对陌生情境、陌生问题时迅速进行情境关联、问题归类，从而实现自主迁移，利用已有的学科知识和认识思路与方法解决问题。

深度学习也强调把握知识间的内在联系，倡导学生在思考、探究、比较、辨析知识的过程中，将孤立的、离散的知识技能联结起来形成结构化的知识体系，抓住知识的本质和内在联系，建构结构化知识，促进对知识的深层加工、深刻理解，从而有利于知识有效迁移、灵活应用。

“微积分”是高校一门重要的基础课，在中国大学 MOOC 平台上，L 大学开设的微积分（一）课程中，在第五周“导数的概念和求导原则”知识点的讲解中，教师运用了丰富联结策略来促进学习者的知识迁移。

在定义概念之前，教师先通过“直线运动的瞬时速度”和“平面曲线的切线速度”两个例子让学生主动发现、思考、探究，从而引出导数概念，之后引出导数的意义和高阶导数两个知识点。接下来主讲教师将导数和之前学习的极限、连续两个知识点联系起来，得出可导与连续的关系，加深知识的学习。通过归纳呈现知识点的相互联结关系，将孤立的、离散的知识联结起来形成结构化的知识体系，加强知识间的交叉联结、串联整合，帮助学习者形成立体关联的知识结构，丰富了知识的提取线索和提取路径。

评论区的学习者评论的主要内容如下：

- 老师讲得很棒。上课没太听懂的，到这里来学习一下，真的明白了不少。
- 很喜欢老师的教学设计和讲解，很仔细。
- 该课程强调把握知识间的内在联系，条理清晰，细致入微。

总之，丰富联结策略的核心就是丰富知识间的联结，使孤立的知识之间形成立体交叉的知识网络，从而丰富提取知识的线索，增加激活提取知识的可能性，为正确地迁移应用奠定坚实的基础。慕课的多媒体展现形式非常适合丰富联结策略的应用，可以通过图表、动画、结构图、立体解析图、分析推导图等多种手段展现知识结构化的思维过程和结构化联系，帮助学习者在脑中建立类似专家的知识结构库，促进未来多角度、多路径提取知识。

6.5.3　提取练习策略

提取练习，指在一定的时间内对学习材料进行多次提取（回忆）。学习是阶段性的，而阶段性测试对信息的提取也是对该阶段所学内容的评估。已有大量研究证明，提取练习是强化记忆的有力工具，而且比重复学习更能促进长时记忆的保持。

所谓“提取练习效应”是指在一个等值的时间里，对某个学习材料进行一次或多次的信息提取要比重复学习这个材料在将来会产生更持久的记忆保持。已有大量研究使用不同的材料、被试、测试形式、场景等对提取练习效应进行验证，结果均表明提取练习确实可以有效促进记忆保持。此外，有研究发现提取练习还可以促进个体的知识迁移。综合已有研究来看，可发现提取练习效应有四种表现形式：第一，提取练习比重复学习更能增强记忆保持；第二，自由回忆形式的提取练习比再认形式的提取练习更能增强记忆保持；

第三，分散式提取练习比集中式提取练习更能增强记忆保持；第四，提取线索较弱的提取练习比提取线索较强的提取练习更能增强记忆保持。

提取会从根本上改变信息的储存方式，使知识的运用在日后更加容易。人们通常会将大脑比作充满书籍的图书馆或者装载着文件的陈列柜，把从脑中提取某个信息想象成从书架上取出一本书那么简单。但是，事实并非如此，人类本身并不存储静态的事物，也不会在提取中逐字逐句地精确复制被储存的信息。更有可能的情况是，提取是一个使用环境中可利用的线索去积极重构知识的过程。人们依照当下的线索来回忆目标信息，并依据线索排除提取的竞争项，人们每提取一次知识，就会增加一些在未来再次成功提取的可能性。因为提取重构了知识，因此它不同于“死记硬背”，可以被理解为一种有意义学习的策略。相关研究也已证实提取练习在推理、解决新问题等意义学习的方面具有更加持久的效果。

慕课中的提取练习包括和当节教学内容有关的客观题、主观题以及作业、测验等，而且对作业和测验的提交规定了截止时间。这样的及时练习能够促进学生对知识的回忆运用，促使学生进行更有针对性、深入性的反思。在慕课设置中运用提取练习方法可以帮助学生抓住学习重点，与已有知识建立联系，从而将知识迁移到其他学科领域。经过在中国大学 MOOC 平台的查看与分析，如下一些慕课课程中使用了提取练习策略。

“大学英语自学课程”是中国大学 MOOC 平台上一门来自 K 大学的国家精品课程。该课程有课文逐句讲解、单词扩展延伸、难句分析总结、文化对比欣赏，更有精彩生动的课文导入和课文点睛，旨在助力广大英语学习者通过自学提升综合应用英语的能力。在本课程 Unit 3 Text A 中，授课教师充分使用了提取练习策略来实现学习者对于知识的迁移。

在本节课第四部分学习词汇这一节学习了“assure”这一词汇后扩展了“ensure”和“insure”词汇，讲授教师选择了提取练习比较这三个词的用法，在具体句子中让学生提取记忆，而不是通过让学生重复记忆，通过练习使学生更清晰理解这三个单词的用法。在对词汇进行学习后，教师没有直接切入课文总结环节，而是将提取练习嵌入视频教学，及时进行了 Building Your

Vocabulary（二选一、八选一、介词）三部分内容的练习。

本测试通过提取练习策略对词汇的学习记忆应用起到了很好的作用，让学生对词性词义进行辨别，仅仅通过讲授学生是不能深入掌握这些单词的用法的，在具体练习中，促进学生回想和思考刚讲述过的内容。通过这一部分的练习，使学生对词汇有了更深层次的理解，提取练习也有利于学生将词汇更好地运用到写作阅读中，实现了知识迁移。

在完成词汇的练习后，对于本节课其他部分的学习也进行了相应的练习，如篇章选词、句子翻译、段落翻译、排序等，层层递进，在讲解中逐步提取练习使学生对知识理解更深，对知识的记忆运用有了更好的把握，而不是通过耗费时间的大量重复记忆提升学习效果。

以段落翻译进行的提取练习使学生将所学知识及时回忆练习，在词汇的基础上进一步为学生提供更多机会参加测试，进行“提取练习”，有利于学生掌握课堂知识，促进学习保持。在之后进行排序练习，把握语义，更好地提升教学效果，促进知识把握与运用。

该慕课案例充分运用了提取练习策略，在每一部分的知识讲授结束后都有练习，这些练习能够很好地促进知识的迁移和能力的提升，如果不使用提取练习策略，在学生大脑中可能会造成知识的混杂不清晰，与其他知识不能串联起来。而本课程巧妙地运用层层递进的提取练习策略，帮助学习者更好地组织记忆知识，深化理解运用，从而促进知识的迁移。

通过梳理、分析这门课程在平台上的学习者评价发现，该课程为国家精品课程，在中国大学 MOOC 平台上有 141539 人参与学习，课程评分为 4.7 分，学习者的课程评价有 578 条。评论区的学习者评价的主要内容为：

- 课程内容丰富，讲解翔实，练习设置贴合知识点，层层递进，可以进行有效的及时练习，巩固加强记忆，能够迁移到语言运用中。
- 老师授课特别好，能够通过具体的事例来引导我们学习。教授的知识点基础而全面，在学习过程中我受益匪浅，其实英语也不那么让人讨厌了。
- 老师讲得很好，内容清晰，从课文出发，句子、单词以及英语的谚语都讲得很仔细。

- 我是一个快七十岁的英语爱好学习者，在流程、动画、设问、解答方面课程设计都做得非常棒。词语解释、引申，例句选取显然是经过推敲，让学生能一目了然，语音、语调准确流畅，听起来清晰，看起来赏心悦目，学起来轻松愉快，收获颇丰，只是相见恨晚。

通过查看分析，也有相当一部分教师在慕课中未使用提取练习策略，对知识点的讲解仅局限于 PPT 文字内容，且没有对知识点内容进行提取练习、适时测试等，未充分发挥慕课平台及时反馈、多元交互的技术优势开展提取练习，不利于学习者把握知识的内在逻辑和实现知识迁移。

6.6 促进迁移应用的教学策略及慕课案例

“迁移应用”是促进知识迁移的落脚点和最终目标。促进迁移的教学要让学生在学习中意识到该知识的不同应用场景，为面向未来的知识迁移做好准备。在慕课教学条件下，由于慕课包括微视频授课、平时作业、单元测验和期末考试及讨论区等板块，且处于师生分离状态下，更需要教师在慕课教学视频的设计制作中、慕课作业区和课后练习中、慕课讨论区互动环节都体现知识应用的思想：一是通过变式应用案例深挖知识的本质和应用价值，二是通过知识应用正误的对比讲解，三是通过及时练习应用的作业和测试题来培养学生对知识掌握的深度和应用的灵活度，培养学生应用知识的思维，促进知识迁移的形成。对应的教学策略分别为正反例策略、变式策略和深度练习策略。

6.6.1 正反例策略

为了抽取事物本质特征，同时抛弃非本质特征，实现知识在头脑中的正确组织，在实际教学过程中，还必须注意使用正反例策略，即配合使用概念或规则的正例和反例。正例又称肯定例证，指包含概念或规则的本质特征和内在联系的例证；反例又称否定例证，指不包含或只包含一小部分概念或规则的主要属性和关键特征的例证。一般而言，概念或规则的正例传递了有利于概括的信息，反例则传递了有利于辨别的信息。

心理学研究表明，虽然只用正例也可以有效地学习概念和规则，但如果同时提供正例和反例，则概念和规则的学习将更加容易。因为反例的适当运用，可以排除无关特征的干扰，有利于加深对概念和规则的本质的认知。例如，在生物学中讲授“鸟”这一概念时，可用麻雀、鸡、鸭作为正例，说明“前肢为翼、无齿有喙”是鸟的本质特征；用蝙蝠作为反例，说明“会飞”是鸟的无关特征。通过提供正反两面的例证，可以使概念的属性更容易显示出来，使概念的范围更容易确定。正反例策略就是在教学中，不仅要应用足够多的正例帮助学生辨认知识的关键特征，也要运用足够多的反例来与正例形成对比，加强鉴别作用，进一步突出关键特征，帮助学生正确地加工信息并以合理的方式储存知识，对顺利地实现迁移是极其有利的。

美国学者盖尔鲍姆（B. R. Gelbaum）和奥姆斯特德（J. M. H. Olmsted）在其编著的《分析中的反例》中指出，在教学中，应合理运用正反例：一方面通过实例引导学习者提出合理的猜想并进一步演绎推理证明猜想是否正确；另一方面通过构造反例，帮助学习者克服对所学知识理解上的偏差，推翻错误的猜想。在此过程中，学习者更加清楚地认识到知识的运用前提以及使用时应注意的问题，不断实现知识的正向迁移。

所以，在通过慕课教学的过程中，要充分利用网络便于演示的优点，通过构造和列举恰当的反例，使学习者直观地看到使用该知识的前提以及使用过程中可能出现的问题，从而形成对知识灵活而全面的理解。网络在线课程不仅为讲授内容提供了开阔的空间，而且给学习者更多的时间来理解和构造有助于运用的正例与反例。事实证明，相互匹配的正反例开发可以互为线索，相互启发，将笼统的意义解释为具体的意义，把复杂的问题简单化，把抽象的知识形象化，通过正反例的运用，可以帮助学习者举一反三，便于知识的迁移。

正反例策略在数学、英语、经济分析等慕课的设计中都有其独有的优势。网络的视觉化、形象化为正反例的构造和使用提供了更多便利，进而帮助学习者辨认、厘清概念，从而更好地掌握基本知识，将正反例教学贯穿于课堂复习和新课讲授中，有利于培养学习者独立自主的创新能力，促进思维能力提升。

“英语语法与写作”是中国大学 MOOC 平台上一门来自 J 大学的国家精品课程。该课程将英语语法与写作相结合，通过句子合并学习语法规则，通过规则讲解提高句子写作。在教学中，老师在各单元提供相关写作错误的描述、实例以及改正的方法。通过正反例的列举，进一步加强学生对相关语法的记忆并正确运用到写作中。通过正反两边的比较和鉴定，培养学习者的发散思维和创新意识。

在这门课程的第四单元第二讲对错置和“-ly”的修饰语的慕课讲解中，主讲老师就使用了正反例策略教学法来实现学习者对知识的迁移。教师通过运用正反例策略，将修饰词离被修饰词太远时常会出现的修饰错置错误展现出来，继而对错误地方进行改正。在一正一反的对比中，教师充分利用正例和反例将该知识点进行强化，促进学生对该知识点的理解。教师将错置修饰分为三类，在讲解完第一类之后，继续采用正反例策略，举出常见错误，将副词位置错放和举例导致的修饰错置一一列出，继而分别对其进行修正，强化对学生对该修饰错置的理解，且通过运用正反例策略，丰富学生对英语学习的认识，为接下来的学习迁移做好准备。

教师在接下来讲解以“-ly”结尾导致的修饰错置时同样采用正反例策略，构造的多个反例直观简洁地说明了修饰错置的常见情形，同时通过列举相应的正例及其变式，帮助学生分辨知识点的关键属性，尽可能减少错误的出现，更有利于学生的深度学习。该知识点通过运用正反例策略，不但有利于学生对知识点本身的掌握，而且培养了学生的逻辑思维。而且在讲解中，教师利用慕课所具有的暂停播放以及网络优势，为基础较差的学生学习提供了便利，且举例中穿插中国文化知识，促进了学生对该知识的正向迁移。

通过梳理、分析这门课程在平台上的学习者评价发现，该课程在中国大学 MOOC 平台上有 32699 人参与学习，课程评分为 4.7 分，学习者的课程评价有 1210 条。评论区的学习者评价的主要内容为：

- 非常好，从语法的结构讲起，也提到了写作中的常见错误，对写作非常有帮助！
- 很久没有系统地梳理英语语法了，通过这次学习，我收获很多。老师用比较系统简单的方法把复杂难懂的语法呈现出来，让我发现了自己平时容易犯的错误，真的是非常感激。
- 我学到很多语法知识，很多是以前没有注意到的一些语法错漏，通过这次课程我基本能找回之前无法察觉到的漏洞。

6.6.2　变式策略

变式策略是通过呈现不同特征的变式概念或进行不同的变式训练，利用类比与联想的原理归纳出普遍规律和方法，实现知识的迁移。变式是通过变更对象的非本质特征而形成的表现形式。变更人们观察事物的角度或方法，以突出对象的本质特征，突出那些隐蔽的本质要素，让学生在变式中思维，从而掌握事物的本质和规律，促进对知识正确应用场景的感知和理解。

在实际的教学过程中，我们常常要求学生“举一反三”。事实上，要想做到“举一反三”，首先教师必须“举三反一”。“举三”就是让学生在变式中学习知识、应用知识，掌握本质、加深理解，为知识迁移做好准备。

变式要用不同形式说明事物的本质属性，即变换同类事物的非本质特征，以便突出本质特征。例如，在生物学中介绍“果实”概念时，不要只选可食的果实（如苹果、西红柿、花生等），还要选择一些不可食的果实（如橡子、棉籽等），这样才有利于学生看到一切果实都具有“种子”这一关键属性，而舍弃其“可食性”等无关特征。如果变式不充分，学生对知识的理解和应用往往容易发生错误。一种情况是把一类事物或一些事物所共有的特征看作本质特征。例如，有的学生在领会植物生活的必要条件时，常常把温度、二氧化碳和无机盐说成阳光、空气和土壤，这就是把共有特征当作本质特征的结果。另一种情况是在概括中人为地增加或减少事物的本质特征，因而在辨认事物或进行归类时，不合理地缩小或扩大概念，应该包括的对象未包括进去，或把不应该包括的对象包括进来了。

因此，要通过呈现不同特征的变式概念或进行不断突破常规的变式训练，来加深学习者对概念或原理的理解，积累解决变式问题的经验，归纳出具有普遍意义的规律和方法，并利用类比与联想加大将知识迁移到新问题、复杂问题甚至陌生问题的可能性，最终实现高难度的知识迁移。

变式策略是通过不同的角度、不同的侧面、不同的背景从多个方面变更所提供的知识的某些内涵以及问题的呈现形式，使知识的非本质特征时隐时现而本质特征保持不变的教学形式。变式策略使学生应用知识时的思维过程具有合适的梯度，逐步增加迁移应用的可能性和正确性。

慕课所具有的新媒体技术为变式策略的应用提供了广阔的应用空间，教学中可采用多样的动画、图片、虚拟仿真等手段，对事物的非本质特征和应用背景进行不同程度和多种形式甚至夸张的变换，提高学生兴趣的同时讲透知识点，促进学生对知识本质和应用前景的理解与把握。因此，在慕课平台的课程中使用变式策略进行教学，更有利于知识的理解和应用，进一步促进知识的正向迁移。

“动物解剖学”是中国大学 MOOC 平台上一门来自 Z 大学的课程。本课程注重由浅入深，化难为易，用尽可能少的时间让学生理解并掌握动物解剖学中的基本概念和理论，为后续课程提供必要的基础知识。在这门课的第二讲——运动系统中，主讲教师就使用了变式策略来实现学习者对知识的迁移。

在讲解运动系统的知识点时，教师首先引入了骨与骨之间为什么需要连接，因为独木不成林，单丝不成线，已经将变式策略的使用润物细无声地嵌入。其后在讲解项韧带时，变换外表和场景，体现项韧带和悬索同样承受很大重量的本质，得出项韧带发达的结论。将运动系统比喻为一个杠杆系统，使学习者更容易地理解动物运动系统各个部分的作用。在讲“肌肉的辅助器官”内容时，教师先举了一个例子，提问“骨与肌肉之间是否也存在相同的问题”，用问题和类比概念，将学习者引入“黏液囊”概念的学习。此后，又将“滑车与籽骨”比喻为“定滑轮”，使学习者在不断变换的知识背景中由浅入深，由常识过渡到专业知识，更利于理解和应用。

在本慕课课程知识点的讲解中，教师充分利用慕课优势，用精练且美观的课件呈现重点。在策略方面，教师通过变换外部形态和应用场景，保留骨连结之间各部分发挥作用的本质，利用变式教学策略，提高学生兴趣，使学生对动物的运动系统、骨连结这一知识有了直观和生动的理解。通过解剖动物的运动系统，了解骨连结的形态，有利于其在组织学、临床医学等领域发挥作用，该策略的运用有利于知识向这些领域的正迁移。

根据这门课程在平台上的学习者评价数据，可以看出，这门课程在中国大学 MOOC 平台上有 2357 人参与学习，课程评分为 4.8 分，学习者的课程评价有 68 条。评论区的学习者评价的主要内容为：

- 这门课程很不错，配图和视频都可以让我们更直观地理解抽象的知识点。课后的笔记也挺有帮助，推荐。
- 从开课一直按照每周的进度跟着听课，加上自己额外的看图鉴，老师讲得非常好，上课的时候把很多重点难点都做了联想和系统讲解，之后几乎不需要再额外背太多东西，顺其自然就跟着老师的课程下来了，希望老师能多开些课。
- 学习该课程既可以感受解剖学的专业性，还可以找到日常生活常见的设施与动物运动系统的一致性，丰富了课程内容的同时扩展了学生的视野。

总之，在慕课中变式策略的应用旨在充分利用慕课的多媒体展示和反复观看等特性，突出知识的本质特征，促进学生深度学习和迁移到不同情境应用的意识。在运用中要注意到，变式分为概念变式和过程变式，过程变式又分为水平变式和垂直变式。概念变式不变的是概念的本质属性，变的是概念的非本质属性。概念变式的目的是让学生经历概念形成过程，即概括、抽象、具体化，从而使学生获得的概念更加准确、更加深刻。过程变式是指，学生通过概念、定理、命题等的学习过程，获得多层次的活动经验。过程变式中最具代表性的是水平变式和垂直变式。水平变式通常变更问题的背景，在同一思维水平上解决同一类问题，如变换背景、特殊到一般、基本图形变式、条件结论变式、实际应用等。垂直变式是思维逐步深入的过程，由表层学习转向结构学习，使问题逐渐升华，进而加深对知识深层次价值和知识本质的体会。在教学实际中，为了充分发挥变式应有的积极作用，防止其消极影响，所选用的变式应使那些显著的且非本质的要素得到变异，而突出那些隐蔽的且本质的要素。

6.6.3 深度练习策略

深度练习策略将学生的练习指向以学科核心内容为载体的高级思维的培养，助力学生对教材的理解，逐步形成深度学习的体验，在深度练习这一“模拟应用”情境中促进学习迁移能力的发展。有学者的研究表明，实施“深度练习”能够有效地减少练习中一些浅显、机械、被动的练习形式或行为。

“深度练习策略”通过精简“量”上的机械重复，实现“质”上实质突破；通过形式的求“变”增“趣”，使学生享受练习的乐趣；通过提供充分自由的时空使学生能有机会反复感悟、体验、内化。教师在练习中要立足“准、实、活”，通过练习和应用培养学生主动理解与批判接受，激活经验与建构新知、知识整合与深层加工、把握本质与渗透思想、有效迁移与问题解决的能力。通过对练习题进行深度开发，改变练习形式，提升练习的方法价值、思维价值、思想价值，发展学生的核心素养。教师要精心设计练习并促进学生的学习迁移与创新应用。

在慕课教学中师生处于分离的网络虚拟学习空间中，对于大多数学生来说课后作业需要独立自主完成并且缺乏老师及时审阅和讲解，因此课后练习是在线学习的薄弱环节。因此，在慕课中安排及时的、有深度的练习非常重要，可以在学习后让学生体会知识的应用价值、应用方法、应用结果。深度练习策略强调教师精心设计的练习是有深度的，不仅能够帮助学生及时理解和吸收知识，同时有助于提高学生应用知识以及进行知识迁移的能力。因此，深度练习策略和慕课教学相结合能够实现教师促进学科迁移的学习目标，帮助学生很好地将知识进行迁移和应用。

目前，在一些慕课中可以看到深度练习策略教学的具体应用。例如，“创业基础”是中国大学 MOOC 平台上来自 Z 大学的一门课程，该课程对于指导学生创新创业具有重要意义。学习该课程能够培养和提升学生的创新意识和创业素质，使他们掌握基本的创业知识和规律，对于学生提升解决实际创业问题的能力具有重要的实用价值。在这门课程的第七讲第四节内容“创业计划书的展示”中，教师就使用了深度练习策略来促进学习者对知识的迁移。

在这一节知识的讲解中，教师在讲解完创业计划书如何制作、如何展示后，还提醒学生一些注意事项以便为以后的展示做好准备；课程结束后教师在讨论区给出问题，让学生进行思考，旨在让他们学习了创业计划书制作和展示等内容后，在遇到合适的投资或者创业机会时能够做出创业项目和切实可行的创业计划书来吸引投资人的投资，同时，与强大的竞争者竞争时能够更好地体现自身优势，这能够引导学生对所学知识进行深入思考，对知识进行深入应用，这是深度练习策略的运用之处。

在接下来的单元检测练习题中，教师让学生为自己设计的创业项目制作一个路演 PPT。教师并不是设置一些浅显的、回忆类的练习，而是设计具有深度的实际应用类练习，引导学生思考如何根据所学的创业计划书展示知识把创业项目更好地呈现给各位投资者，这体现了深度练习策略，更重要的是把知识应用到生活中去解决实际问题。

在最后的期末测试习题中，教师要求学生运用创业计划书展示知识来为自己的创业项目撰写 3 分钟的创业路演演说词。该练习是教师对整个课程所学内容的检验，设计这种深层次的练习再次强化了学生对于创业计划书展示知识的理解和应用，这也是运用了深度练习策略给学生真实的创业项目应用体验，有利于学生将所学知识更好地迁移到其他相关领域。

在本节慕课课程中，教师运用表格、逻辑题和文字等形式充分发挥了慕课的信息呈现优势。在讨论区、单元练习题和期末测试题中都展现了深度练习策略在慕课教学中的运用，该策略有效地帮助学生将所学知识进行亲身实践的应用，提升了学生解决实际问题的能力。在教师精心设计练习题的过程中，学生不只是学会了如何制作和展示创业计划书来完成自己的目标，同样也能够将所学的知识应用到其他领域进行迁移，如撰写各类商业计划书、演讲和辩论赛、对项目风险进行评估等。评论区的学习者评价的主要内容有：

- 老师的课讲得很好，课后练习题不仅联系了所学知识，还能够让学生自己动手去运用所学的知识。课后练习题很有深度，有利于学生的学习。
- 感觉老师对练习题的设计很用心，不是让我们练习浅显的知识，而是用很有深度的思考来回答和提交作业，对学生真正掌握知识很有帮助。
- 老师讲解到位，课后练习题设计很有深度，能够帮助学生真正地运用所学知识，有利于其他学科的学习。
- 在学习的过程中遇到很多问题，但是通过探索，找到了答案，思维要多样更要活跃。

慕课的重要特点是具有完整的课程体系，大部分慕课按照学期进度每星期发布教学视频、拓展资源，同时每个知识点和小节有测试、有作业、有考试。测试、作业和考试形式为深入练习策略的实施提供了良好空间。教师在讨论区、作业区、小组课题、测试题中围绕课程相关内容提出有深度的问题，让学生进行讨论和探究，有助于学生更好地理解和应用知识解决生活中的问题。

6.7 本章小结

促进慕课中的知识迁移是一个复杂的实践问题，应把握知识迁移的规律和慕课的特点，采取相应教学策略来促进迁移目标实现。本章认为，慕课具有师生分离、在线学习、多媒体呈现、短视频教学、大规模、开放以及具有完整课程环节等特征，要从促进迁移的教学要素框架出发，围绕促进迁移发生的目的、组织、情境、心向、提取、应用六要素，分别从明确迁移目标、促进有机组织、促进情境认知、促进心向建立、促进激活提取和促进迁移应用六个方面采用系列教学策略以促进慕课中知识迁移的发生。结合慕课特点，针对每个要素本书提出了若干具体教学策略，形成了促进知识迁移的一套教学策略体系（见图 6-1）。

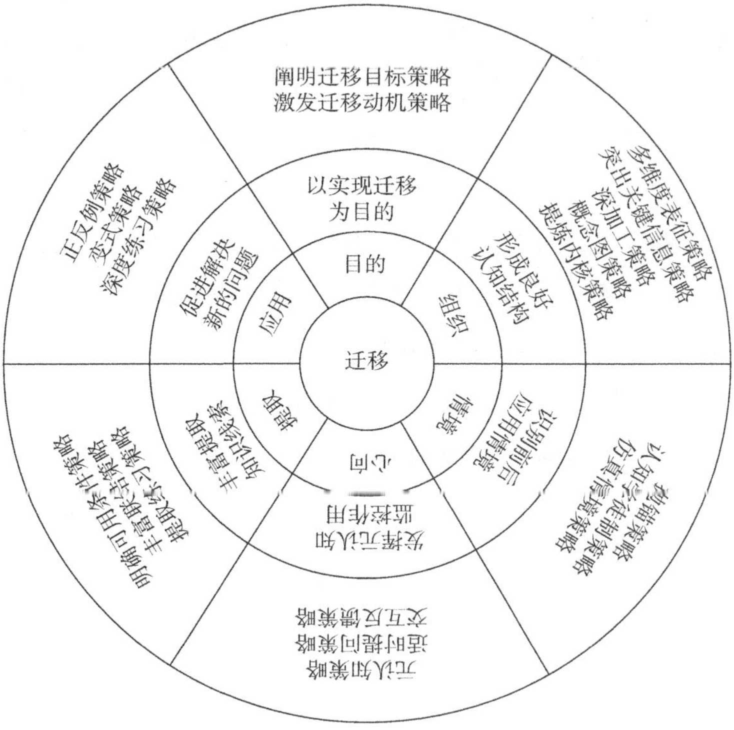

图 6-1　促进知识迁移的慕课教学策略体系

如图 6-1 所示，本书提出的教学策略回应了促进知识迁移的教学要素及其迁移导向。在明确迁移目标方面，提出采取阐明迁移目标策略和激发迁移动机策略，强化迁移方向；在促进有机组织方面，认为应促进学习者头脑中知识的概括化、意义联结和知识内化，结合慕课师生分离和多媒体学习的特点，提出采用多维度表征策略、突出关键信息策略促进知识的呈现，采用深加工策略、概念图策略、提炼内核策略促进知识的加工与整合；在促进情境认知方面，认为应加强学生对知识应用背景的把握和应用情境的认知，可采用抛锚策略、认知学徒制策略、多元情境策略和仿真情境策略；在建立心向方面，认为应结合慕课的师生分离、学习时间自由、学习内容碎片化等特点，特别关注学生元认知能力的培养和迁移意识的激发，引导学习者对自己的学习情况以及完成学习目标的程度进行反思和评价，并通过交互强化迁移意识，提出了适时提问策略、交互反馈策略和元认知策略；在强化激活提取方面，提出在慕课中采用明确可用条件策略、丰富联结策略和提取练习策略；在促进迁移应用方面，认为应使学生在慕课学习中意识到该知识的不同应用场景，为面向未来的知识迁移做好准备，提出运用正反例策略、变式策略、深度练习策略等。

针对以上策略在慕课实践中的应用情况及效果，本章从中国大学 MOOC 平台的上千门慕课课程中遴选出几十门课程作为案例分析样本，为每条策略开展了案例分析研究。本章中所提出的教学策略与教学要素构成了一个体系，描述了迁移机制导向、教学要素、教学策略之间的关系，为慕课中促进学习迁移的探索提供了理论参考和实践借鉴。

第 7 章 大学慕课中促进知识迁移策略的实证研究

为检验促进迁移的教学策略的有效性，本章采用教学对比实验的方法，选取某大学中的四个班级，分成两个对比班的实验样本，对慕课中促进迁移的教学策略的迁移效果进行了实证测试和回归分析。

7.1 实验设计

7.1.1 研究对象

本研究的实验设计分为两轮，为了提高研究的客观性，分别选取同类专业的两个对比班和不同专业的两个对比班，研究对象共计 441 人。

第一轮实验参与的两个班学生为样本一。研究对象是 X 大学大二学生，两个班均来自经济学院，且所学专业学科类型都为经济类；同时，两个班的高考成绩平均分相等，属于同类专业、同等入学水平。学习 A 大学慕课的班级称为 A 班，其构成来源为经济 20 级、贸经 20 级，共计 112 名学生；学习 B 大学慕课的班级称为 B 班，其构成来源为保险 20 级、国贸 20 级、财政 20 级，共计 103 名学生。两个班学生的数量、入学水平、专业都相近。

第二轮实验参与的两个班学生为样本二。研究对象也是该校大二学生，两个班来自不同的学院：上 A 大学课程的班级称为 A 班，其学科专业类型为理工类，构成来源为光电 20 级、计算机 20 级、软件 20 级，共计 108 名学生；

上 B 大学课程的班级称为 B 班，其学科专业类型为经济类，构成来源为金融 20 级、金融工程 20 级，共计 118 名学生。两个班高考成绩平均分相近，学生入学水平和数量相当，学科专业类型差异显著。

7.1.2 研究过程

本研究选取大学“概率论与数理统计”课程的“中心极限定理”知识点学习环节，采用慕课学习形式，分别让实验班和对照班学习不同的慕课课程。在中国大学 MOOC 平台上经过研究和筛选，按照是否采取了促进迁移的教学策略的标准，分别选取了 A、B 两个慕课课程，授课内容均为“中心极限定理”。学习之后，分别对两个对比班进行迁移测试，迁移测试题目由 X 大学三位数学专业教授共同研讨确定（见附录 3），考查学生学习本知识点后的知识迁移水平。将迁移测试成绩作为被解释变量，考察不同慕课课程对学生的迁移测试成绩是否有显著影响；与此同时，本书查阅了全部样本学生上学期的大学数学期末考试成绩，作为数学学科基础数据。在前测中，利用“大学生数学迁移能力调查问卷”对样本实验学生进行了问卷调查，调查结果作为数学迁移能力数据。考虑是否运用迁移策略的慕课课程、数学学科基础、数学迁移能力影响因素，采用 Stata 17 软件对各因素进行回归分析，根据回归结果得出相应的结论。

在实验过程中，首先，对实验班和对照班的全体学生进行前测，了解其数字迁移能力基本情况，并查阅上一学期大学数学考试成绩，作为数学学科基础水平参考数据；继而让实验班和对照班的学生分别学习 A、B 两个慕课中的相同知识点；学习后立即对 A、B 班分别进行迁移结果测试，考察知识迁移发生的情况；最后请实验班、对照班全体同学填写慕课评价问卷，收集并分析学习者对于两个慕课课程的迁移感受评价。针对以上实验数据，通过描述性分析、差异化分析和回归分析，考察各因素对于迁移结果的影响，特别是对促进迁移的教学策略是否是影响迁移结果的显著要素做出研究分析。

关于对比课程的选取，本研究的 A 课程来自中国大学 MOOC 平台上由 C 大学开设的国家精品课程“概率论与数理统计”第 5.2 讲——“中心极限定理”知识点的慕课课程，其中采用了多维度表征策略、精细加工策略、先行组织者策略、提炼内核策略、适时提问策略、变式应用策略、及时反馈策略、明确可用条件策略等多种迁移策略来促进学习者对知识的迁移（见图 7-1 至图 7-4）。例如，在慕课信息呈现方面，较好地应用了突出关键信息策略，简洁干练、内容丰富且重点集中，既展现了多媒体特色，又没有冗余信息干扰注意；在多维度表征方面，采用了声音、文字、图片（山的轮廓）、动画（高尔顿钉板试验）等多种维度，激活视觉、听觉等多种认知系统同时加工信息。利用先行组织者策略，首先呈现山的轮廓、球员身高、英文字母的出现频率等正态分布现象，搭建新旧知识之间联系的“桥梁”，既能够有效激发学习动机，又可以帮助学生构建知识框架。在授课过程中贯穿了精细加工策略，从已有知识正态分布出发，通过逐步深入的举例、案例、讲解、提升引出定理等形式，对知识进行精细加工，加深学习者对知识的理解程度。对不同正态分布现象，经分析点明其背后中心极限定理的存在，挖掘知识的本质，让学生围绕核心问题进行探究，有目的地进行探究和思考；通过高尔顿钉板试验和“U”形分布，依次分析提炼出两个中心极限定理，使学生透过现象看本质，把握了定理包含的内核特征，突出了提炼内核策略。课程中多处使用适时提问策略，不断引导学生的迁移心向，例如，在开篇设置前置性提问。在影院的案例后和高尔顿钉板试验后，采用中间插入性问题。开篇前置性提出问题，为何正态分布普遍存在，引导学生思维发散，主动探索知识。询问多个随机变量和的分布，而后及时对问题进行反馈，层层剖析，逐步引导学习者寻找答案，进而引出两个中心极限定理。结束前，设置后置性问题——正态分布普遍存在真正的原因，引导学生对这一知识的应用前景和应用情境进行思考；课程分别在炮弹落点误差问题、影院扩建问题中使用变式应用策略，改变数学问题的呈现方式，使内容的非本质特征时隐时现，但保存本质特征多个随机变量的和不变。在慕课的课后作业当中，同样提供不同的应用背景，让学生体验知识在不同情形下的适用，从不同角度理解和学习知识。在该慕课的“扩展讲解”学习材料模块中，又通过不同例题进一步扩展了应用情境。

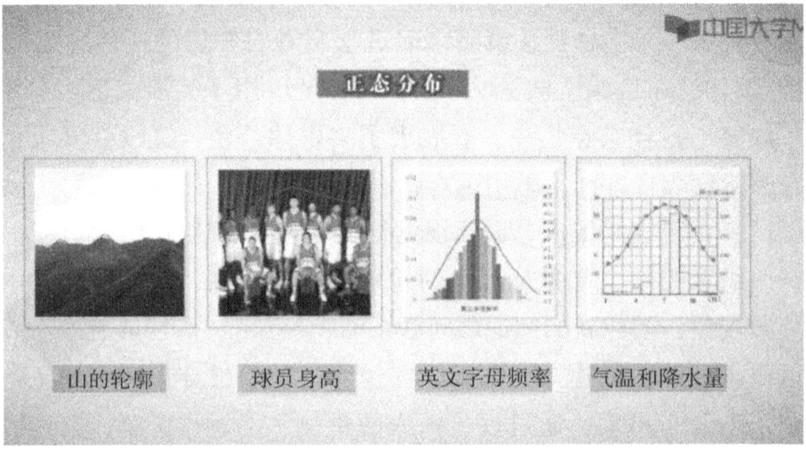

图 7-1　透过现象看本质的提炼内核策略

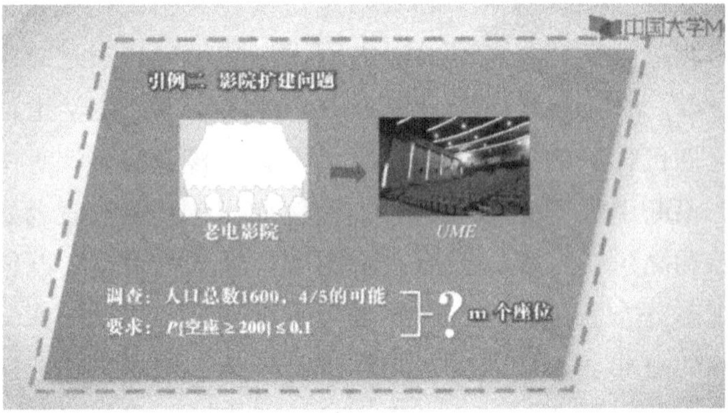

图 7-2　变式应用策略

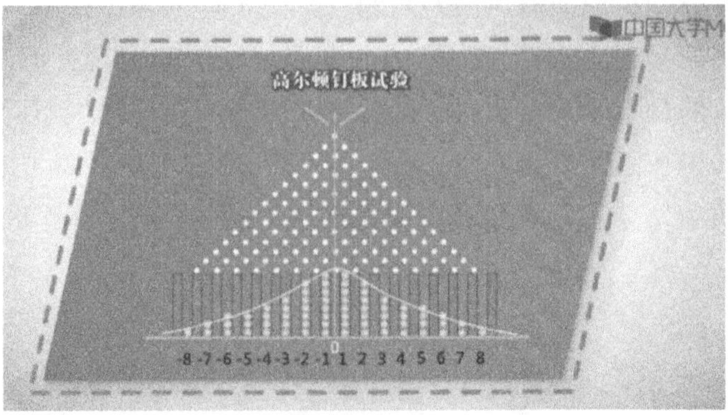

图 7-3　高尔顿钉板试验动画

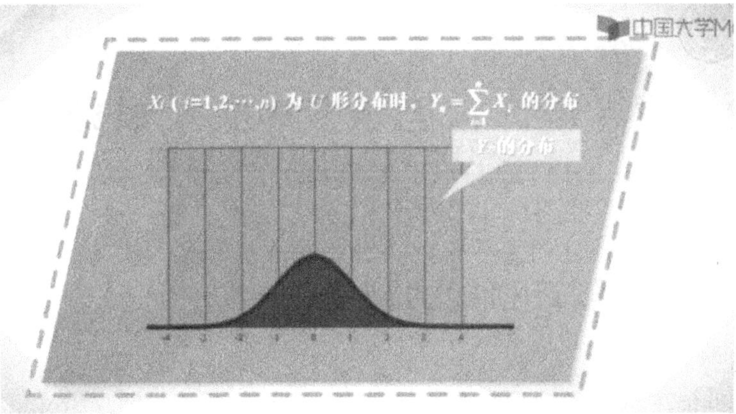

图 7-4　突出关键信息策略

教师在课程最后使用明确可用条件策略，清晰点出了定理应用的条件，便于学生识别可用的迁移情境，增加在未来应用情境中提取知识的可能。在本课程的讨论区，教师发起讨论话题，同学讨论热烈，教师及时答复，充分利用了慕课的师生交互社区，而且慕课的网络技术优势为及时反馈提供了有利的条件。运用了及时反馈策略，在师生反馈、生生反馈以及学生自身反馈中不断实现教学相长，帮助学生发现自身的不足，并得到有针对性的优化建议，进而引发深层次的思考，让学生进一步实现知识的迁移。该课程有 12992 人参与学习，评分为 4.8 分。

B 课程来自中国大学 MOOC 平台上 D 大学开设的“概率论与数理统计”课程中第五节第二讲的知识点——“中心极限定理”，知识点与上述 A 课程相同，经研究分析，本课程几乎没有采取促进迁移的教学策略，有 1356 人参与学习，评分为 4.4 分。

7.2 问卷设计、信效度检验及数据处理

7.2.1 数学迁移能力问卷

（1）问卷介绍

本研究在样本学生学习实验课程之前，首先对样本一和样本二的全部学生进行了大学生数学迁移能力问卷调查。此调查问卷由笔者设计，参考了泰森等学者编制的标准化量表，同时，借鉴了许莹硕士论文中的调查问卷，结合数学学科特点，针对本书的具体情况，绘制了本次研究的“大学生数学迁移能力调查问卷”（见附录1）。该问卷共包含28个题项，根据不同的题项可以划分为3个一级维度和9个二级维度，具体情况如表7-1所示。

表7-1 数学迁移能力调查问卷题目的维度表征一览表

一级维度	二级维度	对应题号
迁移意识	兴趣	Q1、Q9、Q13
	消极	Q4、Q8、Q12、Q27
	焦虑	Q10、Q18、Q24
迁移种类	增加	Q5、Q20、Q23
	调整	Q6、Q15、Q21、Q25
	重构	Q2、Q16、Q22
迁移策略	概念图	Q11、Q19
	类比	Q3、Q7、Q28
	合作学习	Q14、Q17、Q26

按照李克特量表法，每题共设置5个选项，分别为非常符合、比较符合、不清楚、不太符合、非常不符合。选项中的A至E分别赋值为1~5分，问卷

得分的总分与数学迁移能力状况成正比。本次研究问卷的 28 道题目按照正向陈述和负向陈述分别设置，其中 Q4、Q8、Q10、Q12、Q18、Q24、Q27 题为反向陈述，剩余题项为正向陈述。

样本一回收数学迁移能力问卷 215 份，有效问卷共 200 份；样本二回收数学迁移能力问卷 226 份，有效问卷共 218 份。

（2）问卷信度检验

信度分析主要用来评估量表内部指标之间的同质性，也是我们常用来检验量表信度高低的方法。从量表内部一致性的角度对条目进行筛选，根据删除条目后克隆巴赫系数（Cronbach's α）的变化来衡量各子量表的内在信度。若其中一个条目被删除之后 α 系数有了较大幅度的提升，那么可以说明该条目降低了本方面内部的一致性，因此本条目应该被删除，否则应该被保留。α 系数的计算方法为

$$\alpha = \left(\frac{q}{q-1}\right)\left[1 - \frac{\sum_{i=1}^{q} Var(x_i)}{Var(H)}\right]$$

通常用 Cronbach's α 系数衡量量表内部的一致信度，α 系数的值为 0 ~ 1，但如果小于 0. 6 则认为该量表内部信度不高，需重新设置。当 α 为 0. 6~0. 7 时，勉强可以接受，当 α 为 0. 7~0. 8 时，表明量表的信度较好，当 α >0. 8 时，表明该量表的信度非常好。

本书通过运用 SPSS 软件对信度进行检验，结果如表 7-2 所示。数据显示，问卷的 Cronbach's α 值在 0. 8 以上，数据可靠性好。

表 7-2　数学迁移能力调查问卷调查表信度检验结果

Cronbach's α	项数
0. 891	28

（3）问卷效度检验

本书采用 SPSS 软件通过因子分析对调查问卷的有效性进行检验，运用 KMO 值来衡量问卷调查的有效性，通过对问卷调查的全部问题进行因子分

析，得到如表 7-3 所示结果。KMO 值为 0.928，Bartlett 球形度检验统计值的显著性为 0.000，根据效度检验结果，该调查问卷的设计以及所得数据有效，且效度较高。

表 7-3　数学迁移能力调查问卷调查表效度检验结果

KMO	0.928
近似卡方	5824.395
自由度	378
显著性	0.000

（4）问卷和测试数据处理

首先，对回收问卷进行处理，主要按照以下规则处理异常值：一是剔除回答不全或者有明显逻辑错误的问卷；二是剔除个人信息严重缺失的问卷（如学号）。

其次，对其他数据进行处理，主要包括测试数据和数学学科基础数据，主要按照以下规则处理异常值：一是剔除迁移测试成绩或数学学科基础成绩为 0 的样本；二是剔除没有参加迁移测试成绩（迁移测试成绩为空）或者没有参加数学考试（数学成绩为空）的样本；三是剔除有明显异常的数据，为避免对研究结果客观性的影响，如剔除数学成绩低于 25 分的数据。

（5）对问卷选项赋分

为方便统计，对问题选项进行赋分，“大学生数学迁移能力调查问卷”的赋分情况如表 7-4 所示。其中有 7 个反向陈述的题（Q4、Q8、Q10、Q12、Q18、Q24、Q27）采用反向计分。

表 7-4　数学迁移能力问题选项赋分

选项	分数
非常符合	5
比较符合	4
不清楚	3
不太符合	2

续表

选项	分数
非常不符合	1

(6) 问卷总分数区间划分

为统计不同课程的分布情况，并统计迁移能力不同水平的分布，对其总分数进行了划分，如表 7-5 所示。分数越高，表明大学生的迁移能力越强。

表 7-5　迁移能力水平等级区间划分

很强	较强	一般	弱	很弱
≥98	84~98	70~84	56~70	<56

7.2.2　慕课课程评价问卷

(1) 问卷介绍

本书在样本学生学习了不同的慕课课程之后，对全体样本学生开展了慕课课程促进迁移情况评价问卷调查。笔者根据学生知识迁移表现和学习感受维度，编制了“慕课课程评价调查问卷”(见附录 2)。问卷设有 11 道题，主要涵盖了对知识深度理解、新旧知识间的联系、易提取度、对应用情境的认知等维度对课程进行评价。每题共设置 5 个选项，按照李克特量表方式，分别为非常符合、比较符合、不清楚、不太符合、非常不符合。样本一回收慕课课程评价问卷 215 份，有效问卷共 200 份；样本二回收慕课课程评价问卷 226 份，有效问卷共 218 份。

(2) 问卷信度检验

通过运用 SPSS 软件对该问卷的信度进行检验分析，结果如表 7-6 所示。问卷的 Cronbach's α 值在 0. 8 以上，数据可靠性好，该问卷的信度较高。

表 7-6　慕课课程评价问卷调查表信度检验结果

Cronbach's α	项数
0.951	11

（3）问卷效度检验

在本次研究中，我们采用 SPSS 软件通过因子分析对该调查问卷的有效性进行检验，运用 KMO 值来衡量该调查问卷的有效性。通过对问卷调查的所有问题进行因子分析，得到了表 7-7 所示的结果。KMO 值大于 0.8，Bartlett 球形度检验统计值的显著性为 0.000，因此该调查问卷的设计以及所得数据都是有效的，且效度较高。

表 7-7　慕课课程评价问卷调查表效度检验结果

KMO	0.955
近似卡方	4430.812
自由度	55
显著性	0.000

（4）问卷和测试数据处理

首先，对回收问卷进行处理，主要按照以下规则处理异常值：一是对于回答不全的问卷，或者有明显逻辑错误的问卷，我们选择剔除；二是对于个人信息严重缺失的问卷，我们也选择剔除。

其次，对其他数据进行处理，主要包括测试数据和数学学科基础数据，主要按照以下规则处理异常值：一是对于迁移测试成绩或数学学科基础成绩为 0 的样本，我们选择剔除；二是对于没有参加迁移测试成绩（迁移测试成绩为空）或者没有参加上学期数学考试（数学基础成绩为空）的样本，我们也剔除；三是对于数学学科基础低于 30 分的样本，为了避免分数过低带来的异常影响，我们也选择将其剔除。

（5）对问卷选项赋分

为方便统计和进行分析，将问题选项进行赋分，“慕课课程评价问卷”的赋分情况如表 7-8 所示。

表 7-8　慕课课程评价问题选项赋分

选项	分数
非常符合	5
比较符合	4
不清楚	3
不太符合	2
非常不符合	1

（6）问卷总分数区间划分

为统计不同课程评价的分布情况，对慕课课程评价的总分进行区间划分，如表 7-9 所示。分数越高，表明对该课程的评价越好。

表 7-9　课程评价分数区间划分

选项	分数
非常不符合	[0，11]
不太符合	[12，22]
不清楚	[23，33]
比较符合	[34，44]
非常符合	[45，55]

7.3　样本一分析

本小节主要针对样本一，即对同为经济类专业的两个对比班的学生实验数据进行统计分析。分别通过描述性统计分析、均值检验、线性回归分析的方法来研究样本一的迁移测试成绩、学科基础、迁移能力等要素的特征以及不同变量，特别是促进迁移的教学策略对于迁移结果的影响。

7.3.1 研究样本

为了了解样本一学生的基本情况，本书通过在样本一的两个班级中发放问卷的形式，了解被测试学生的性别、专业、课程基础等情况，共发放问卷215份，回收215份，其中有效问卷为200份，问卷有效率为93%。被试样本基本信息统计情况如表7-10所示。

表7-10 被试样本基本信息统计（N=200）

统计量	类别	样本量
性别	男	74
	女	126
专业	保险	42
	国贸	21
	财政	28
	经济	53
	贸经	56
不同慕课课程	B慕课	91
	A慕课	109
所上基础数学课程	高等数学	63
	微积分	137
总计		200

7.3.2 分析方法和工具

本书采用了描述性统计分析、独立样本t检验和建立线性回归分析模型的方法进行量化研究分析。首先，对数据进行描述性统计分析，通过数据的柱状图描述来观察和分析样本一的两个独立样本在迁移测试成绩、学科基础和迁移能力方面所呈现的特征。其次，开展独立样本t检验，对实验班和对照班的数据进行差异分析，从而推断总体差异是否显著。本研究的样本符合独立样本 t 检验，即样本彼此独立、没有关联，能够比较不同类别变量之间的均值差异。为进一步研究影响最终迁移测试成绩的因素，本研究对数据进行了线性回归分析，建立了三个模型，将迁移测试成绩作为被解释变量，是否采用迁移策略作为解释变量，学科基础、迁移能力作为控制变量来分析迁移策略对迁移测试成绩的影响。从研究工具来看，本书使用 Excel 来处理数据及进行独立样本的 t 检验，使用 Stata 17 来进行逐步线性回归。

7.3.3　实验数据的描述性统计分析

本书通过数据的柱状图描述来观察和分析样本一的两个独立样本班级在迁移测试成绩、学科基础和迁移能力方面所呈现的特征。

（1）迁移测试成绩的描述性统计

从图 7-5 可以看出，25 分以上的高分段学生中，A 班占比 18.3%，而 B 班仅占比 2.2%；11～15 分这一分数段中，B 班占比 39.6%，A 班占比 21.1%。总体上来看，学习 A 慕课的班级学生的迁移测试成绩好于学习 B 慕课班级的学生迁移测试成绩。从整体分布来看，A 班的成绩分布更为集中。

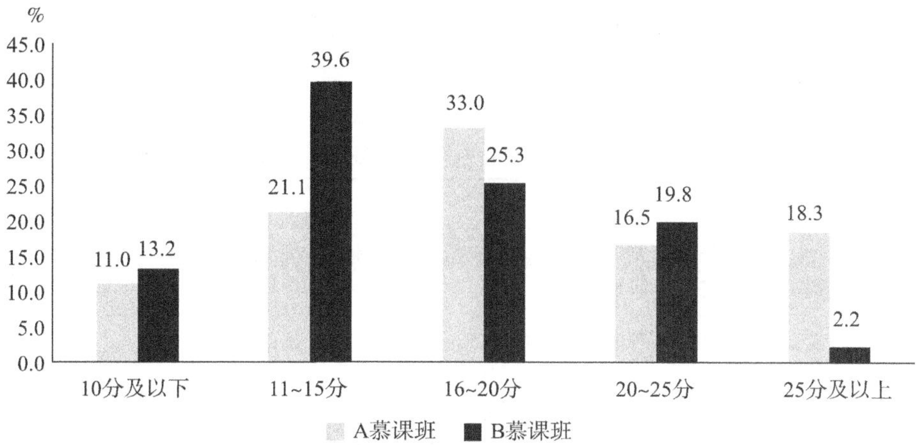

图 7-5　两班迁移测试成绩分布

（2）数学学科基础的描述性统计

从图 7-6 可以看出，在 90 分以上的学生中，B 班占比 9.9%，而 A 班占比 5.5%；在 70～79 分数段中，两班差异较大，B 班占比 39.6%，A 班占比 20.2%。总体上，B 班的学生数学学科基础好于 A 班学生的数学学科基础。

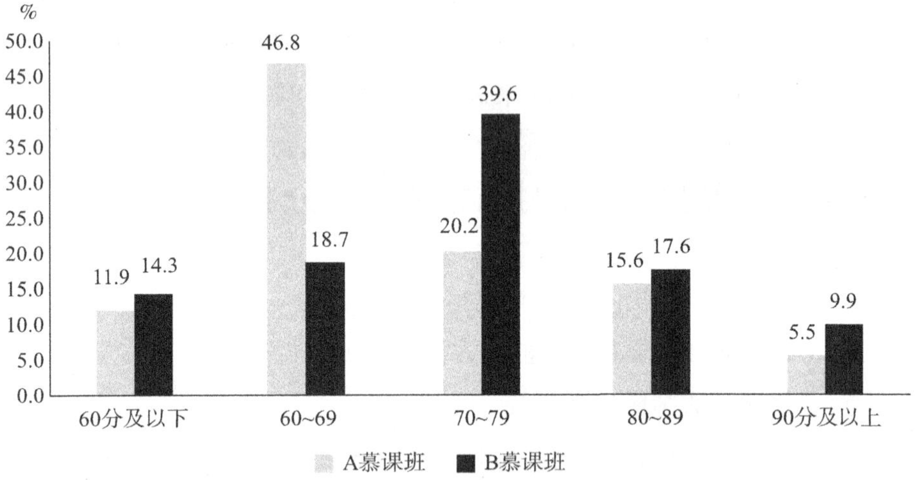

图 7-6　两班数学学科基础分布

（3）数学迁移能力的描述性统计

从表 7-11 可以看出，数学迁移能力问卷正向类的题目均值在 3 分以上，反向类的题目均值在 2 分左右，标准误在 1 左右，表明大部分学生数学迁移能力较好。

表 7-11　“大学生数学迁移能力”问卷各项得分描述性统计分析

题号	题目	M	SD
Q1	我认为数学所学知识和日常生活具有密切的相关性，掌握数学知识能够帮助解答实际问题	3. 85	1. 036
Q2	我会在教师讲完一种题型之后反思其他的做法，并选出最佳解决办法	3. 72	1. 009
Q3	我时常根据掌握的数学知识来解释生活现象	3. 62	1. 064
Q4	我觉得数学就需要死记硬背	3. 31	1. 196

续表

题号	题目	M	SD
Q5	我可以快速作答教师在教学过程中提出的已学过的问题，并认为其和新知识具有明显的联系	3.52	1.012
Q6	在复习数学知识的过程中，能够想起已经有些淡忘的知识理论	3.79	0.883
Q7	我在考试时感觉基本上可以掌握所考题目涉及的知识点	3.40	1.061
Q8	我在解决较为复杂的问题时很难掌握基本要领	2.33	0.972
Q9	我觉得激发学习兴趣有利于数学成绩的提升	4.23	0.798
Q10	我能够听懂老师传授的新的知识点，但是无法做到灵活运用	2.20	0.913
Q11	我对上课期间老师画出的框架图产生的印象更为深刻，框架图也有利于记忆	3.84	0.859
Q12	当同一题型的问法或者是背景发生改变后，我就会无从下手	2.49	1.027
Q13	我对数学问题解决较为感兴趣，希望经常参与到数学问题解决中	3.39	1.159
Q14	我可以将所学内容进行组织并讲解给其他人	3.33	1.138
Q15	做完题目后，我一般会归纳总结出问题中涉及的解题思路和方法	3.59	0.999
Q16	当发现教学材料中的数学问题解决过程不具有严谨性时，我会汇报给老师并提出改进措施	3.19	1.135
Q17	交流讨论有利于我学习能力的激发	3.93	0.830
Q18	我觉得数学知识需要先记忆后运用	1.96	0.732
Q19	我在学习中借助于图表形式来操作，具体包括绘制概念比较图、知识框架等，并结合图表进行叙述	3.74	0.948
Q20	面对难题我一般会查找资料或者是做笔记，以此获取正确答案	4.12	0.724
Q21	我会在解决较难问题后再次进行回归和分析，并查看是否考虑妥当	3.83	0.882
Q22	我会在考试后将错题整理出来并进行分析	3.42	1.131
Q23	通过数学知识的学习我会改进自己的学习方法	3.82	0.837
Q24	我不了解所学数学知识间存在怎样的联系性	2.74	1.028
Q25	当我的观点和其他人不同并且是错误时，我会纠正自己的错误	4.06	0.787
Q26	在交流讨论中我的观念和他人不一致时，我会思考具体的原因	4.08	0.657
Q27	当老师没有提出硬性要求时，我一般不会思考教材中的问题	3.48	0.956
Q28	我会对比相近的数学定理或概念的适用范围，探究其存在的异同点	3.61	0.992

从图 7-7 可以看出，A、B 两个班级学生具有“很强”迁移能力的人数占比分别是 11.9%、7.7%。两个班的迁移能力“较强”和“一般”的占了很

大比重。数学迁移能力“较强”的学生占比情况为：上 B 课程的班级占比 23. 1%，上 A 课程的班级占比 33. 9%。数学迁移能力“较弱”的学生占比情况为：上 B 课程的班级占比 23. 1%，上 A 课程的班级占比 17. 4%。总体来看，A 班学生的数学迁移能力好于 B 班学生的数学迁移能力。

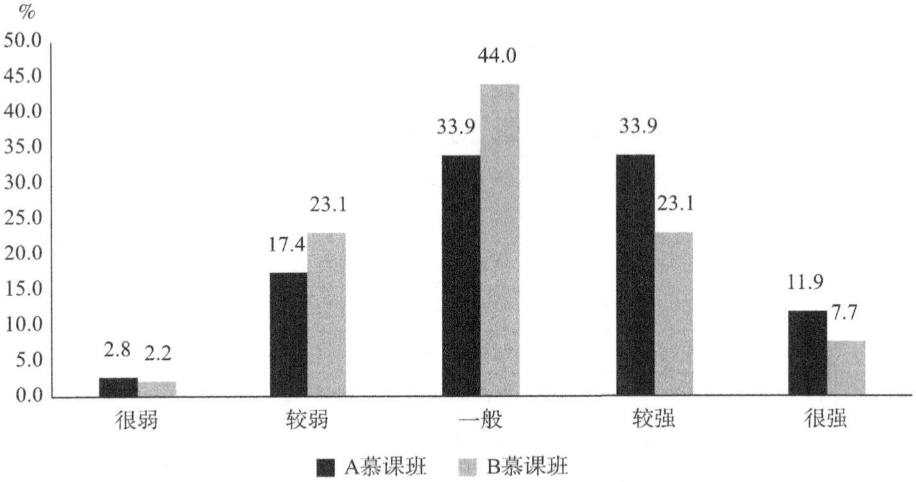

图 7-7　两班迁移能力测试水平分布

从维度分析来看，根据知识迁移的表征量表，可以从三个维度进行分析。调查数据显示，针对迁移意识而言，在兴趣维度，学习 B 慕课的班级得分高于学习 A 慕课的班级；从消极维度和焦虑维度来看，学习 B 慕课的班级的得分低于学习 A 慕课的班级（见表 7-12）。

表 7-12　两个班迁移意识调查平均分结果

	兴趣	消极	焦虑
B 班	3. 73	2. 73	2. 33
A 班	3. 93	2. 86	2. 27

针对迁移种类而言，A 班的得分均高于 B 班（见表 7-13）。

表 7-13　两个班迁移种类调查平均分结果

	增加	调整	重构
B 班	3.73	3.70	3.20
A 班	3.89	3.92	3.66

针对迁移策略而言，由表 7-14 可以看出，三个维度所得分数基本处于中等水平，A 班的得分相对来说优于 B 班。综上分析，A 班学生的数学迁移能力总体高于 B 班学生。

表 7-14　两个班迁移策略调查平均分结果

	概念图	类比	合作学习
B 班	3.70	3.41	3.62
A 班	3.88	3.67	3.91

7.3.4　差异化分析

本节我们进行独立样本 t 检验，对实验班和对照班的迁移测试成绩、数学学科基础、迁移能力数据进行差异化分析，比较不同类别变量之间的均值差异，观察并分析其是否具有统计显著差异。

（1）迁移测试成绩差异分析

由表 7-15 可以看出，学习 A 慕课的学生迁移测试成绩显著高于学习 B 慕课的学生迁移测试成绩。均值高约 2.3 分，且在置信水平为 95%的双尾 t 检验下 p 值为 0.0021，统计显著。

表 7-15　迁移测试成绩差异的 t 检验

	B 班	A 班
平均值	16.4176	18.7064
方差	22.5570	31.7093

续表

	B 班	A 班
观测值	91	109
假设平均差	0.0000	—
df	198.0000	—
t-Stat	-3.1182	—
p（T≤t）单尾	0.0010	—
t 单尾临界	1.6526	—
p（T≤t）双尾	0.0021	—
t 双尾临界	1.9720	—

（2）数学学科基础差异分析

由表 7-16 可以看出，两班的数学学科基础存在显著差异，B 班的数学学科基础好于 A 班，均值差约为 4.8，且统计显著，在置信水平为 95%的双尾 t 检验下 p 值为 0.0094。

表 7-16　数学学科基础差异的 t 检验

	B 班	A 班
平均值	72.0198	67.2477
方差	155.2045	174.7436
观测值	91	109
假设平均差	0.0000	—
df	195.0000	—
t-Stat	2.6235	—
p（T≤t）单尾	0.0047	—
t 单尾临界	1.6527	—
p（T≤t）双尾	0.0094	—
t 双尾临界	1.9722	—

（3）迁移能力差异分析

从表 7-17 可以看出，B 班的迁移能力低于 A 班，均值差约为 4.7，且统计显著，在置信水平为 95%的双尾 t 检验下 p 值为 0.0105。

表 7-17　迁移能力差异的 t 检验

	B 班	A 班
平均值	92.9890	97.6972
方差	154.3443	177.1760
观测值	91	109
假设平均差	0.0000	—
df	196.0000	—
t-Stat	−2.5834	—
p（$T \leq t$）单尾	0.0053	—
t 单尾临界	1.6527	—
p（$T \leq t$）双尾	0.0105	—
t 双尾临界	1.9721	—

7.3.5　回归分析

本节我们建立线性回归模型，进一步研究是否采用迁移策略的不同慕课对于迁移测试成绩（*TestScore*）的影响差异。在回归模型中，以学生的迁移测试成绩（*TestScore*）为被解释变量，以是否采用迁移策略的不同慕课课程（MOOC）作为解释变量，并依次加入控制变量“数学学科基础”（*Math*）和“迁移能力”（*Transfer*）。回归分析的主要结果如表 7-18 所示，三个模型分别记为模型 1、模型 2 和模型 3。

表 7-18　样本一数据的三个线性回归主要结果

符号	含义	模型 1	模型 2	模型 3
const	常数项	16. 418 ***	9. 231 ***	1. 657
MOOC	慕课类型	2. 289 **	2. 766 ***	2. 417 ***
Math	数学学科基础		0. 010 ***	0. 095 ***
Transfer	迁移能力			0. 085 **
R-squared		0. 046	0. 103	0. 143
Adj R-squared		0. 041	0. 094	0. 13
Root MSE		5. 249	5. 102	4. 998

模型 1：$TestScore = 16.418 + 2.289\ \mathrm{MOOC}$

模型 2：$TestScore = 9.231 + 2.766\ \mathrm{MOOC} + 0.010\ Math$

模型 3：$TestScore = 1.657 + 2.417\ \mathrm{MOOC} + 0.095\ Math + 0.085\ Transfer$

根据模型 1 的回归结果，是否采用迁移策略的慕课课程与迁移测试成绩呈正相关，即学习 A 大学课程的学生迁移测试成绩优于学习 B 大学课程的迁移测试成绩，且差异统计显著，系数为 2. 289。这表明在不考虑其他因素的情况下，A 大学慕课的学习更有利于提升知识的迁移效果，不同慕课课程是影响迁移测试成绩的显著变量。

根据模型 2 的回归分析结果，数学学科基础与迁移测试成绩也呈正相关，标准化后的相关系数约为 0. 243，即数学学科基础越好迁移测试成绩也越好。同时，回归分析显示，在加入数学学科基础（*Math*）这一因素后，不同慕课课程仍然是统计显著的解释变量，回归系数为 2. 766。

根据模型 3 的回归分析结果，迁移能力水平与迁移测试成绩也呈正相关，标准化后的相关系数约为 0. 204，且统计显著，p 值为 0. 003。回归分析显示，在加入数学学科基础、迁移能力两个控制变量之后，不同慕课课程仍然是统计显著的解释变量，回归系数为 2. 417。

从三个模型的线性回归分析结果综合来看，无论是否加入学生的数学学科基础、迁移能力作为控制变量，不同慕课都是影响学生迁移测试成绩的显著解释变量，使用了迁移策略的慕课课程与学生迁移测试的成绩具有显著的正相关关系。

7.4 样本二分析

本小节主要针对样本二，即分别对经济类、理工类的不同类专业的两个对比班的学生实验数据进行统计分析。分别通过描述性统计分析、差异化分析、线性回归分析的方法来研究样本二的迁移测试成绩、学科基础、迁移能力等几个要素的特征以及不同变量特别是促进迁移的教学策略对于迁移结果的影响。

7.4.1 研究样本

本轮实验选取样本二中的学生为调查对象。通过在上述班级中发放问卷的形式进行调查，共回收问卷 226 份，其中有效问卷为 218 份，问卷有效率为 96.5%。被试样本基本信息如表 7-19 所示。

表 7-19　被试样本基本信息统计（*N*=218）

统计量	类别	样本量
性别	男	110
	女	108
学科类型	经济类	116
	理工类	102
专业	金融工程	46
	金融学	70
	光电	28
	计算机	37
	软件	37

续表

统计量	类别	样本量
不同慕课课程	B 慕课	116
	A 慕课	102
总计		218

7.4.2 分析方法和工具

本书采用了描述性统计分析、独立样本 t 检验和建立线性回归模型的方法进行量化研究分析。首先，对数据进行描述性统计分析，通过数据的柱状图描述来观察和分析样本二的两个独立样本在迁移测试成绩、学科基础和迁移能力方面所呈现的特征。其次，开展独立样本 t 检验，对实验班和对照班的数据进行差异分析，从而推断总体差异是否显著。为进一步研究影响最终迁移测试成绩的因素，本书对数据采用线性回归方法，建立了三个模型，将迁移测试成绩作为被解释变量，是否采用迁移策略作为解释变量，学科基础、迁移能力作为控制变量来分析迁移策略对迁移测试成绩的影响。从研究工具来看，本书使用 Excel 来处理数据及进行独立样本的 t 检验，使用Stata 17来进行逐步线性回归。

7.4.3 实验数据的描述性统计分析

本书通过数据的柱状图描述来观察和分析样本二的两个独立样本班级在迁移测试成绩、学科基础和迁移能力方面所呈现的特征。

（1）迁移测试成绩的描述性统计

从图 7-8 可以看出，“10 分及以下”这一低分数段中，B 班占比明显高于 A 班，分别为 59.5%、34.3%；“11 ~ 15 分”这一分数段中，B 班占 25.9%，A 班占 52.0%；B 班 20 分以上占比为 0，A 班为 4.9%。所以，从整体上可以看出，A 班的迁移测试成绩显著高于 B 班，说明在不考虑其他因素的条件下，不同的慕课课程对于学生知识点的掌握具有重要作用。

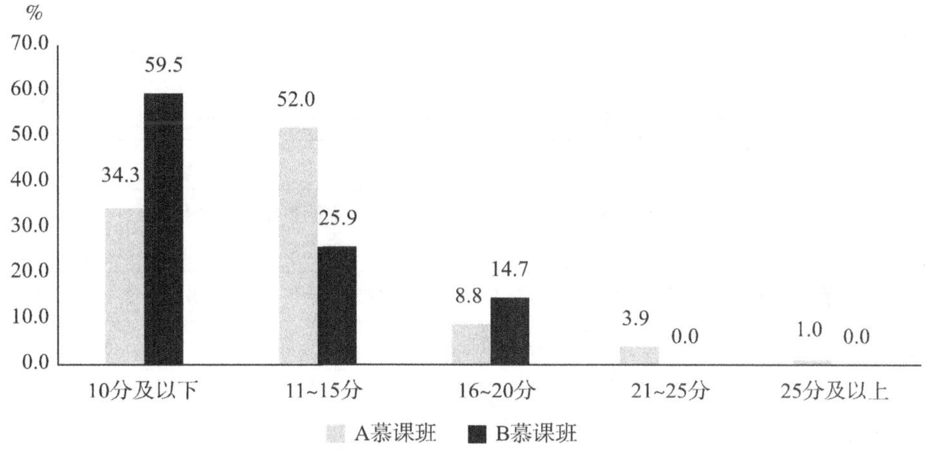

图 7-8　两班迁移测试成绩分布

（2）数学学科基础的描述性统计

从图 7-9 可以看出，在“90 分及以上”这一分数段，B 班的占比高于 A 班；在 80 分及以上的人数中，A 班占比 28. 4%，B 班占比 52. 6%；在“60～69 分”这一分数段，A 班的人数占比高于 B 班。总体上，B 班的学生数学学科基础好于 A 班。

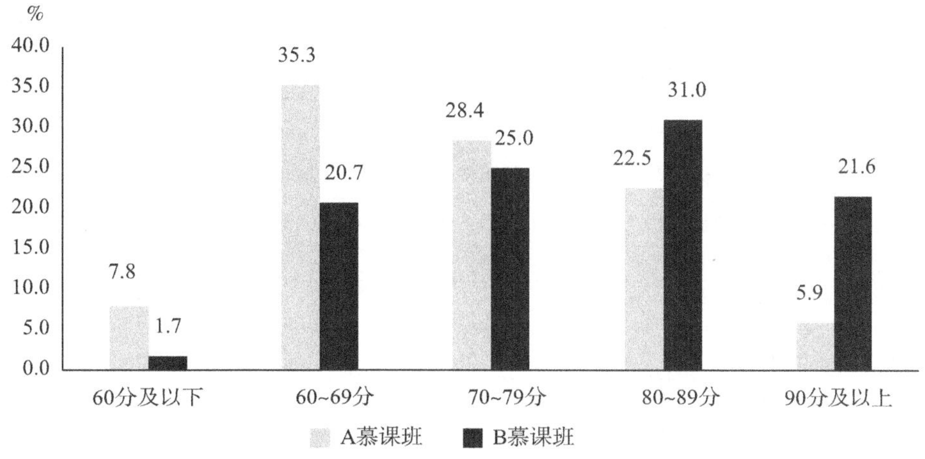

图 7-9　两班数学学科基础分布

（3）数学迁移能力的描述性统计

总体来看，大学生数学迁移能力问卷各题目得分的描述性统计分析如表7-20所示。

表 7-20　迁移意识各问题得分的描述性统计分析

题号	题目	M	SD
Q1	我认为数学所学知识和日常生活具有密切的相关性，掌握数学知识能够帮助解答实际问题	4. 17	0. 735
Q2	我会在教师讲完一种题型之后反思其他的做法，并选出最佳解决办法	3. 99	0. 872
Q3	我时常根据掌握的数学知识来解释生活现象	3. 82	1. 038
Q4	我觉得数学就需要死记硬背	2. 66	1. 329
Q5	我可以快速作答教师在教学过程中提出的已学过的问题，并认为其与新知识具有明显的联系	3. 72	0. 985
Q6	在复习数学知识的过程中，能够想起已经有些淡忘的知识理论	3. 97	0. 808
Q7	我在考试时感觉基本上可以掌握所考题目涉及的知识点	3. 75	0. 947
Q8	我在解决较为复杂的问题时很难掌握基本要领	3. 58	1. 019
Q9	我觉得激发学习兴趣有利于数学成绩的提升	4. 33	0. 667
Q10	我能够听懂老师传授的新的知识点，但是无法做到灵活运用	3. 66	1. 014
Q11	我对上课期间老师画出的框架图产生的印象更为深刻，框架图有助于记忆	4. 00	0. 812
Q12	当同一题型的问法或者是背景发生改变后，我就会无从下手	3. 41	1. 125
Q13	我对数学问题解决较为感兴趣，希望经常参与到数学问题解决中	3. 76	1. 069
Q14	我可以将所学内容进行组织并讲解给其他人	3. 77	0. 943
Q15	做完题目后，我一般会归纳总结出问题中涉及的解题思路和方法	3. 87	0. 896
Q16	当发现教学材料中的数学问题解决过程不严谨时，我会汇报给老师并提出改进措施	3. 63	1. 026
Q17	交流讨论有利于我学习能力的激发	4. 16	0. 716
Q18	我觉得数学知识需要先记忆后运用	3. 99	0. 936
Q19	我在学习中借助于图表形式来操作，具体包括绘制概念比较图、知识框架等，并结合图表进行叙述	3. 94	0. 893
Q20	面对难题我一般会查找资料或者是做笔记，以此获取正确答案	4. 22	0. 649

续表

题号	题目	M	SD
Q21	我会在解决较难问题后再次回归和分析，并查看是否考虑妥当	4.00	0.800
Q22	我会在考试后将错题整理出来并进行分析	3.69	1.075
Q23	通过数学知识的学习我会改进自己的学习方法	4.07	0.712
Q24	我不了解所学数学知识间存在怎样的联系性	3.30	1.143
Q25	当我的观点和其他人不同并且是错误时，我会纠正自己的错误	4.13	0.821
Q26	在交流讨论中我的观念和他人不一致时，我会思考具体的原因	4.17	0.672
Q27	当老师没有提出硬性要求时，我一般不会思考教材中的问题	2.50	1.026
Q28	我会对比相近的数学定理或概念的适用范围，探究其存在的异同点	3.94	0.813

图 7-10 为学习不同课程的两班迁移能力综合水平人数占比情况。

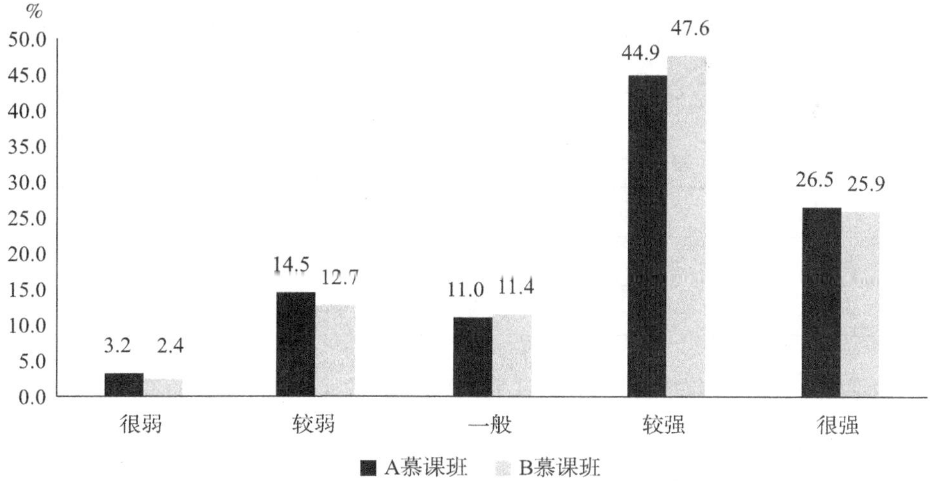

图 7-10　两班迁移能力测试水平分布

图 7-10 数据结果显示，两个班级学生具有“很强”迁移能力的人数占比分别是 26.5%、25.9%。数学迁移能力“较强”的学生占比情况为：学习 B 课程的班级占比 47.6%，学习 A 课程的班级占比 44.9%。数学迁移能力“一般”的学生占比情况为：学习 B 课程的班级占比 11.4%，学习 A 课程的班级占比 11.0%。总体来看，学习 A 课程班级的迁移能力与学习 B 课程班级的迁

移能力相差不大。

从维度分析来看，根据知识迁移的表征量表，可以从三个维度进行分析。

调查数据显示，对于迁移意识而言，在兴趣维度，学习 B 课程的班级得分低于学习 A 课程的班级；从消极维度和焦虑维度来看，学习 B 课程的班级的得分低于学习 A 课程的班级（在消极和焦虑维度采用了反向赋分方式）。这说明学习 A 课程的班级的迁移意识在三个维度上略好于学习 B 课程的班级，但是差距不大，如表 7-21 所示。

表 7-21　两个班迁移意识调查平均分结果

	兴趣	消极	焦虑
B 班	4.06	3.01	3.58
A 班	4.12	3.07	3.72

由表 7-22 可知，针对迁移种类而言，学习 A 课程的班级的得分整体上与学习 B 课程的班级没有明显差异。

表 7-22　两个班迁移种类调查平均分结果

	增加	调整	重构
B 班	3.98	4.02	3.77
A 班	4.03	3.96	3.76

由表 7-23 可以看出，针对迁移策略而言，三个方面所得分数基本处于中等偏上水平，学习 A 课程的班级的得分与学习 B 课程的班级相差不大。综上分析，A 课程班级的学生与 B 课程班级的学生数学迁移能力基本相当。

表 7-23　两个班迁移策略调查平均分结果

	概念图	类比	合作学习
B 班	3.92	3.83	4.06
A 班	4.02	3.85	4.00

7.4.4　差异化分析

本节我们进行独立样本 t 检验，对实验班和对照班的迁移测试成绩、数学学科基础、迁移能力数据进行差异化分析，比较不同类别变量之间的均值差异，观察并分析其是否具有统计显著差异。

（1）迁移测试成绩差异分析

对两样本的迁移测试成绩进行显著性 t 检验，结果如表 7-24 所示。

表 7-24 迁移测试成绩差异的 t 检验

	B 班	A 班
平均值	10. 2069	12. 3137
方差	22. 5307	15. 3659
观测值	116	102
假设平均差	0. 0000	—
df	215	—
t-Stat	−3. 5875	—
p（$T \leq t$）单尾	0. 0002	—
t 单尾临界	1. 6520	—
p（$T \leq t$）双尾	0. 0004	—
t 双尾临界	1. 9711	—

由表 7-24 结果显示，在双尾检验下 p 值为 0. 0004，结果显著，即学习 A 慕课的学生迁移测试成绩显著高于学习 B 慕课的学生迁移测试成绩。

（2）数学学科基础差异分析

对学习 A 慕课和 B 慕课的学生数学学科基础进行显著性 t 检验，用来说明学生对两个课程评价的差异。

表 7-25　数学学科基础差异的 t 检验

	B 班	A 班
平均值	78.8276	71.7843
方差	129.0309	153.2996
观测值	116	102
假设平均差	0.0000	—
df	206.0000	—
t-Stat	4.3553	—
p（$T \leq t$）单尾	0.0000	—
t 单尾临界	1.6523	—
p（$T \leq t$）双尾	0.0000	—
t 双尾临界	1.9715	—

由表 7-25 得出，学习 A 慕课的学生的数学学科基础显著低于学习 B 慕课的学生的数学学科基础。双尾 t 检验 p 值统计显著。

结合迁移测试成绩 t 检验结果，经分析，如果不考虑所学课程差异，数学学科基础较差的学生的迁移测试成绩理应低于数学学科基础较好的学生；考虑所学课程差异，数学学科基础较差的学生学习 A 慕课，数学学科基础较好的学生学习 B 慕课。表 7-26 学生测试结果显示，在双尾检验下 p 值显著，数学学科基础较差的学生的迁移测试成绩显著高于数学功底较好的学生，可反映出 A 慕课在促进迁移效果方面优于 B 慕课。

（3）迁移能力差异分析

对两个班学生迁移能力总分作了 t 检验，p 值为 0.68，检验结果不显著，说明两个班的迁移能力评分无显著差异。

表 7-26　迁移能力差异的 t 检验

	B 班	A 班
平均值	105.8276	106.5980
方差	161.1526	213.7477

续表

	B 班	A 班
观测值	116	102
假设平均差	0.0000	—
df	202.0000	—
t-Stat	-0.4127	—
p（T≤t）单尾	0.3401	—
t 单尾临界	1.6524	—
p（T≤t）双尾	0.6802	—
t 双尾临界	1.9718	—

从表 7-26 可以看出，A 班与 B 班的数学迁移能力均值差约为 0.8，在置信水平为 95%的双尾 *t* 检验下 *p* 值为 0.6802，A 班数学迁移能力略好，但差异不显著，两个班的数学迁移能力水平基本相当。

7.4.5　回归分析

为进一步研究影响最终迁移测试成绩的因素，对于样本二，采用与样本一类似的分析方法，即采用线性回归模型，分析不同慕课课程对迁移测试成绩的影响。在回归模型中，以学生的迁移测试成绩（*TestScore*）为被解释变量，是否含有迁移策略的不同慕课课程（MOOC）作为解释变量，并依次加入控制变量“数学学科基础”（*Math*）和“迁移能力”（*Transfer*）。回归分析的主要结果如表 7-27 所示，三个模型分别记为模型 1、模型 2 和模型 3。

表 7-27　样本二数据的三个线性回归主要结果

符号	含义	模型 1	模型 2	模型 3
const	常数项	6.167***	6.166**	0.805
MOOC	慕课类型	2.107**	2.469***	2.410***
Math	数学学科基础	—	0.051*	0.049*
Transfer	迁移能力	—	—	0.052*

续表

符号	含义	模型 1	模型 2	模型 3
R-squared	拟合优度	0.055	0.073	0.098
Adj R-squared	调整拟合优度	0.051	0.065	0.086
Root MSE	均方误差	4.380	4.347	4.298

模型 1：$TestScore=6.167+2.107\ \mathrm{MOOC}$

模型 2：$TestScore=6.166+2.469\ \mathrm{MOOC}+0.051\ Math$

模型 3：$TestScore=0.805+2.410\ \mathrm{MOOC}+0.049\ Math+0.052\ Transfer$

由模型 1 可以看出，不同慕课课程与迁移测试成绩存在显著的相关性，回归系数为 2.107，表明上 A 慕课的学生迁移测试成绩较好。

从模型 2 可以看出，加入数学学科基础控制变量之后，慕课课程差异同样显著。数学学科基础与迁移测试成绩呈正相关，即学生数学学科基础越好，迁移测试成绩也越好，回归系数为 0.051，统计显著。此时，不同慕课课程和数学学科基础为统计显著的解释变量，回归系数为 2.469。加入数学学科基础因素后，不同慕课课程仍然是影响迁移测试成绩的显著变量。

从模型 3 可以看出，加入迁移能力控制变量之后，不同慕课的差异依然显著。迁移能力分数与迁移测试成绩呈正相关，即学生迁移能力越强，迁移测试成绩也就越好。此时，不同慕课课程、数学学科基础、数学迁移能力都是统计显著的解释变量。综合分析可见，在加入数学学科基础、数学迁移能力影响因素后，不同慕课课程仍然为统计显著的解释变量，回归系数为 2.410，p 值为 0.000，是影响迁移测试成绩的显著因素。

综合来看，虽然样本二的学生与样本一的测试学生存在差异，但两个样本分析的结论一致，即无论是否加入学生的数学学科基础、迁移能力作为控制变量，不同慕课课程都是影响学生迁移测试成绩的显著变量，使用了迁移策略的慕课课程与学生迁移测试的成绩具有显著正相关。两个样本的分析，也显示出结论的稳健性。

7.5　慕课课程的评价分析

本书编制了“慕课课程评价调查问卷”，对全体样本学生开展了慕课促进迁移情况评价问卷调查。问卷设有 11 道题，主要从知识深度理解、新旧知识间的联系、易提取度、对应用情境的认知等维度对课程进行评价。本书共回收对两个慕课课程评价的问卷 441 份，其中有效问卷为 418 份，问卷有效率约为 94.8%。在本次调查中，对 B 慕课课程评价的人数为 207 人，对 A 慕课课程评价的人数为 211 人。本节对评价数据进行总体分析和分类分析。

7.5.1　总体分析

将两班数据赋分后按学生将 11 个问题的评分进行加和，得到每个学生对课程的总评分，再将总分数划分区间，区间划定规则如图 7-11 所示。

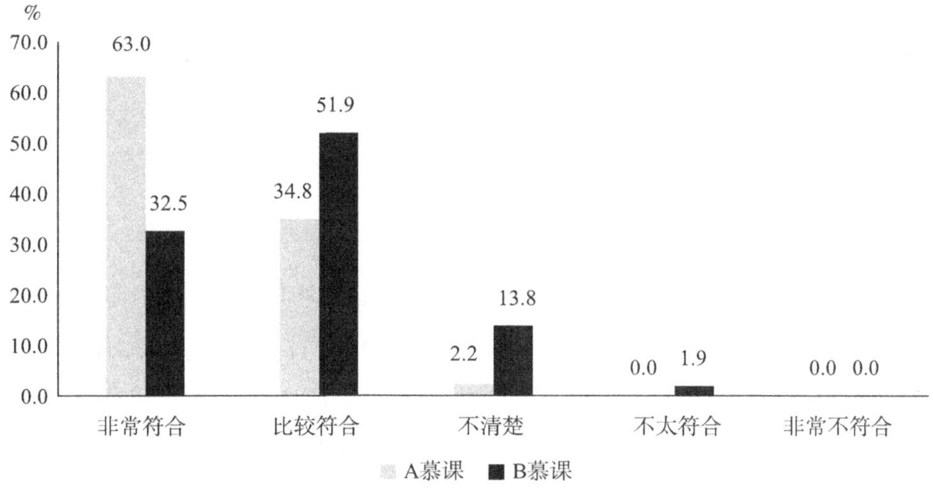

图 7-11　两个课程综合评价分布

从图 7-11 可以看出，学生对 A 慕课的评价较高，在“非常符合”的评价中，A 班占 63.0%，B 班占 32.5%，A 班评价高的比例显著高于 B 班，差值为 30.5%。“非常符合”和“比较符合”两项之和占比分别为 97.8%和 84.4%，差异也较为显著。在“不清楚”和“不太符合”选项中，B 慕课的占比明显高于 A 慕课，差值为 13.5%。综合来看，A 班的慕课综合评价显著高于 B 班。

根据表 7-28 可以看出，B 班只有 1 个题目的平均分超过4 分，而 A 班中所有题目都在 4 分及以上，且 A 班各个题目得分的标准差均小于 B 班。所以，从均值和标准差两方面来看，对 A 班的评价高于 B 班。

表 7-28　评价问卷各题得分的描述性统计分析

题目	B 班		A 班	
	M	SD	M	SD
Q1	3.9	0.9	4.3	0.6
Q2	3.7	1.0	4.2	0.8
Q3	3.7	1.0	4.1	0.9
Q4	3.8	1.0	4.2	0.8
Q5	3.8	0.9	4.2	0.6
Q6	3.9	0.9	4.3	0.6
Q7	3.8	1.0	4.2	0.7
Q8	4.1	0.9	4.5	0.6
Q9	3.9	0.9	4.3	0.6
Q10	3.7	1.0	4.2	0.6
Q11	3.9	0.9	4.3	0.5

为对比两班的总评价均值差异，将两班的总分均值进行均值 t 检验。结果表明，$\bar{X}=42.18$，$\bar{Y}=46.83$（其中，$\bar{X}$ 表示 B 班的总评分均值，$\bar{Y}$ 表示 A 班的总评分均值），二者均值的 t 检验，p 值为 0.00，均值差异显著。这表明两班对两门课程的评价有显著差异。针对每个评价问题的具体分析如下。

7.5.2　对讲授方式的评价分析（Q2、Q3、Q4、Q5、Q6）

问题 2：该慕课能够促进我对这个知识点的深入理解。

如图 7-12 所示，从对知识点的深入理解方面来看，关于问题 2 对两个课程的评价，“非常符合”与“比较符合”的占比之和，B 慕课占比 72.5%，A 慕课占比 90.4%。“不太符合”与“非常不符合”的占比之和，B 慕课的占比为 17.6%，显著高于 A 慕课的 2.2%。总之，在对知识点深入理解方面，对 A 慕课的课程评价略高于对 B 慕课的评价。

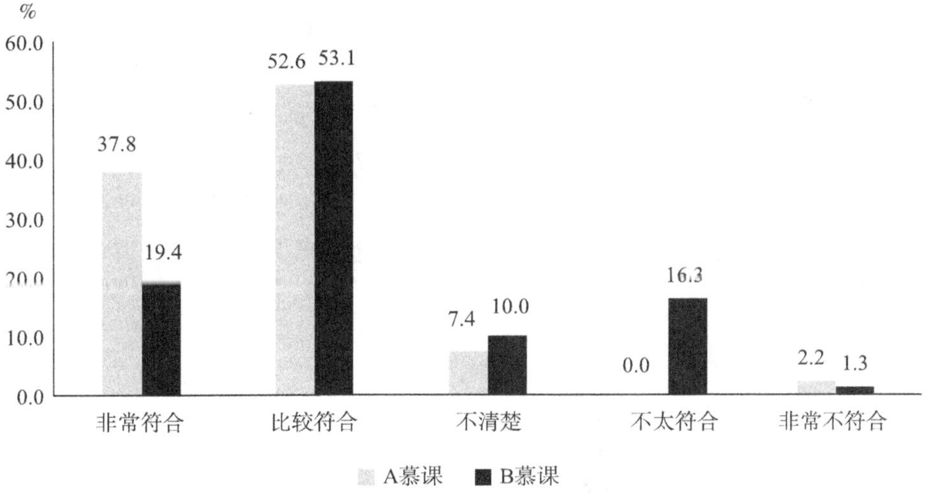

图 7-12　关于问题 2 对两个课程的评价分布

问题 3：该慕课课程组织合理，结构清晰，讲解透彻，比较吸引我。

如图 7-13 所示，从课程组织结构方面来看，对 A 慕课的评价略高于对 B 慕课的评价。在好评方面，从“非常符合”与“比较符合”的占比之和来看，A 慕课的占比高于 B 慕课的占比。中评和差评上，从“不清楚”“不太符合”“非常不符合”三者的总占比来看，A 慕课的占比低于 B 慕课的占比。由此可以看出，学生认为 A 慕课组织结构更加合理与清晰，与 B 慕课相比更能促进对知识的深入理解。

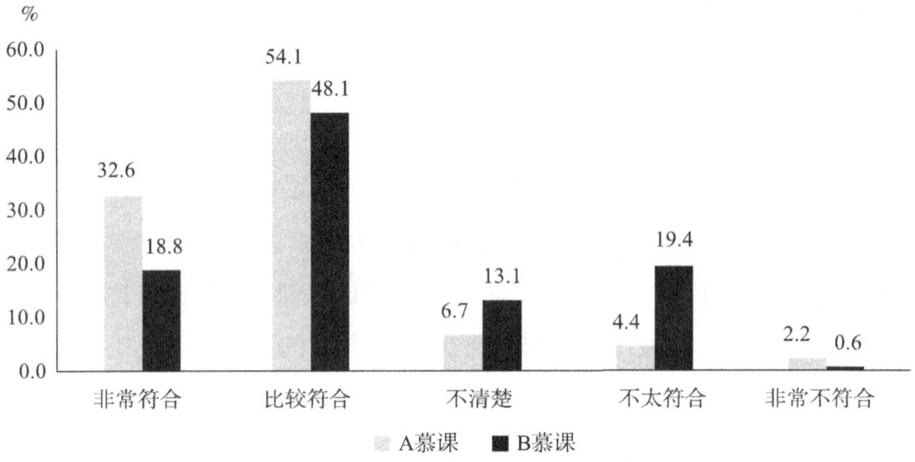

图 7-13　关于问题 3 对两个课程的评价分布

问题 4：充分运用了多媒体的动画、图片、图表等形式，对我理解知识有帮助。

如图 7-14 所示，在好评上，从“非常符合”与“比较符合”的占比之和来看，A 慕课占比 87.4%，而 B 慕课的占比为 77.6%；而在差评上，A 慕课的“不太符合”和“非常不符合”之和占比小于 B 慕课的占比。从课程媒体呈现多样性和有效性来看，对 A 慕课的评价略高于对 B 慕课的评价。

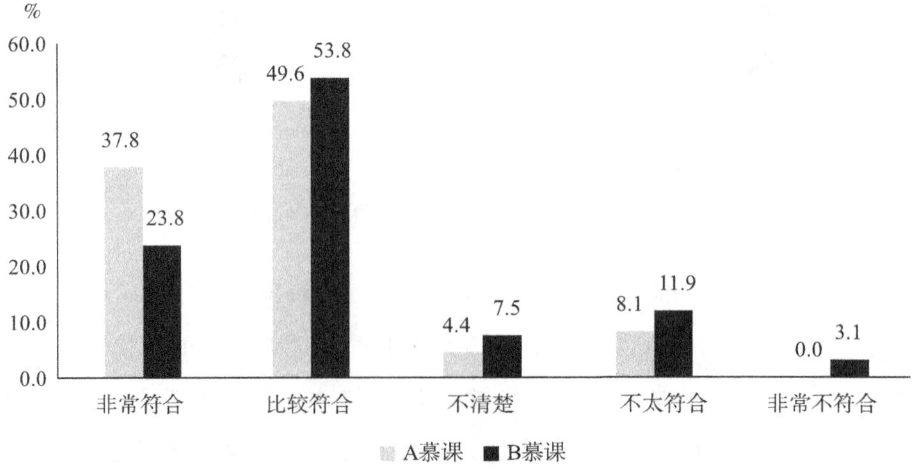

图 7-14　关于问题 4 对两个课程的评价分布

问题 5：学了该慕课课程，我能够联想到之前学过的知识，并在脑海中建立新旧知识之间的联系。

如图 7-15 所示，在好评上，从“非常符合”和“比较符合”的占比之和来看，B 慕课占比 74.4%，A 慕课占比为 89.7%。在中评和差评上，B 慕课“不清楚”“不太符合”“非常不符合”三者的总占比为 25.7%，明显高于 A 慕课的占比。这说明，从促进新旧知识的联系上来看，对 A 慕课的评价要高于对 B 慕课的评价。

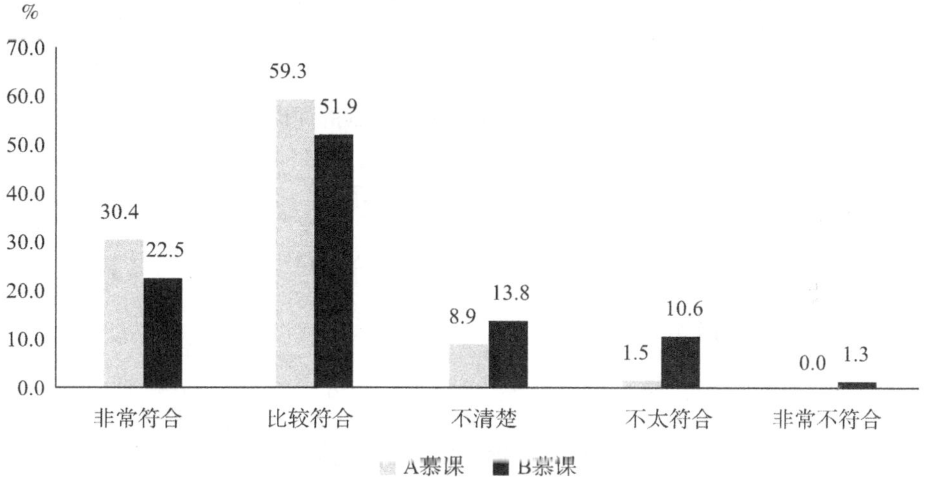

图 7-15　关于问题 5 对两个课程的评价分布

问题 6：该慕课课程讲授的不是孤立的知识，而是融会贯通在具体情境中的知识。

如图 7-16 所示，从融会贯通上来看，无论正向评价还是负向评价，对 A 慕课的评价都高于对 B 慕课的评价。这说明，A 慕课能够更好地在具体情境中讲授知识，使学生能够融会贯通，举一反三。

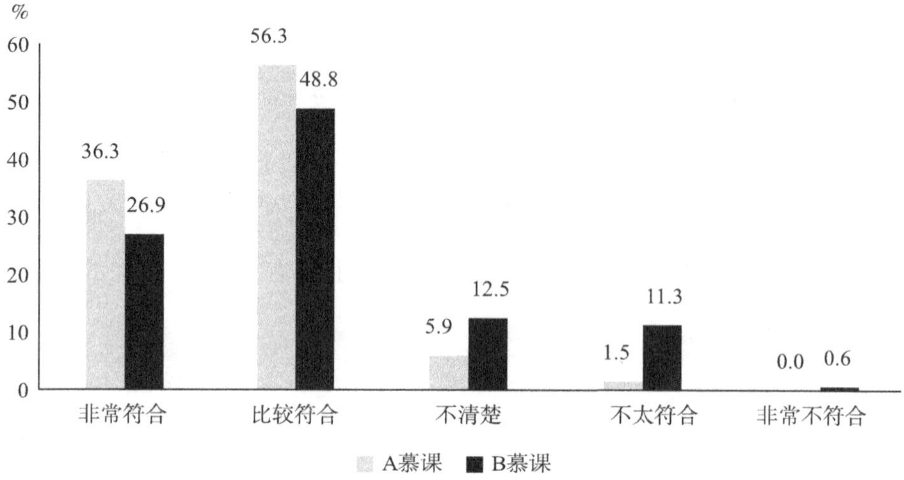

图 7-16　关于问题 6 对两个课程的评价分布

7.5.3　对知识点的评价分析（Q1、Q7、Q8、Q9、Q10、Q11）

问题 1：学习了该慕课课程，我能意识到所讲授的知识点在生活问题中的应用价值。

从图 7-17 可以看出，关于对“知识点在生活问题中的应用价值”的评价，A 慕课和 B 慕课的“比较符合”占比较大，分别为 52.5%和 59.3%，其他选项的占比较小，说明学生在学过该知识点后，还不能完全认识到该知识点在生活中的应用价值，所以“比较符合”的占比较高。在体现知识点在生活中的应用价值方面，对 A 慕课的评价高于 B 慕课。

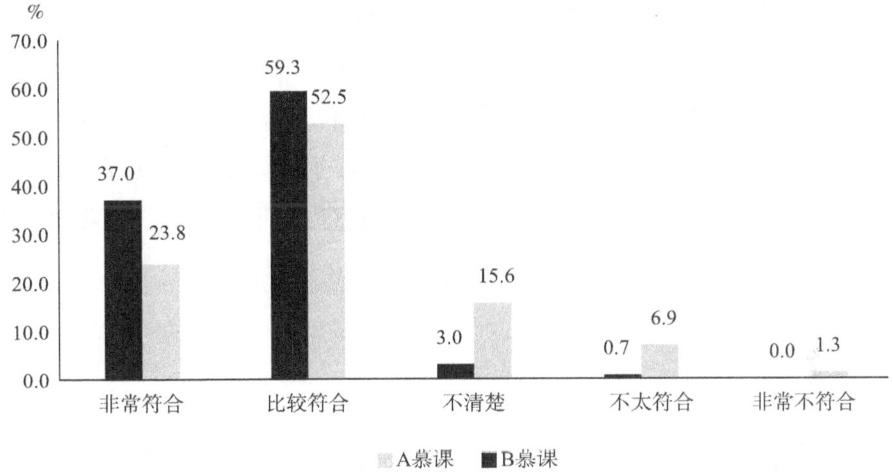

图 7-17　关于问题 1 对两个课程的评价分布

问题 7：学习了该慕课课程，我想在实际问题中探究如何运用这一知识去解决新的问题。

从图 7-18 可以看出，关于对“是否想在实际问题中探究如何运用这一知识去解决新的问题”的评价，A 慕课和 B 慕课的“非常符合”与“比较符合”占比之和分别为 89.6%和 68.7%，选择相差较大；学习 B 慕课的同学选择“不太符合”与“非常不符合”的占比为 15.7%，也明显高于 A 慕课的占比 1.5%。这说明学习 A 慕课比 B 慕课同学更想在实际问题中探究如何运用这一知识去解决新的问题，且差异较显著。

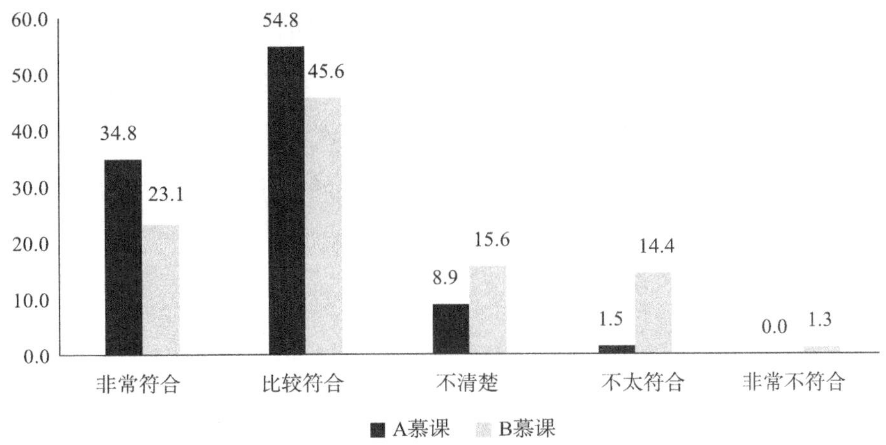

图 7-18　关于问题 7 对两个课程的评价分布

问题8：我觉得这一知识有广阔的运用空间。

从图7-19可以看出，关于对“这一知识是否有广阔的运用空间”的评价，A慕课和B慕课的“非常符合”与“比较符合”占比之和分别为94.1%和83.8%，有较明显的差距，即学生对A慕课的该项目评价较好。这说明A慕课更好地打开了学生的知识视野，使学生能意识到该知识点有着更广阔的运用空间，在这一方面A慕课的评价显著高于B慕课。

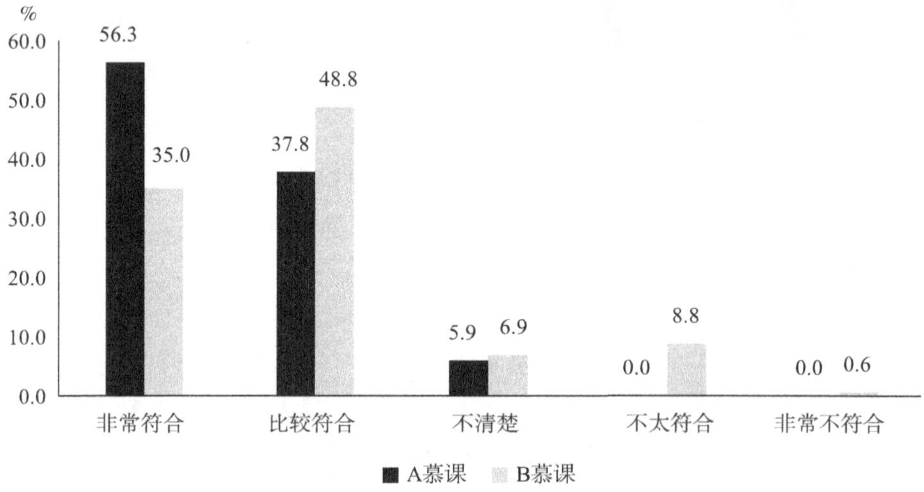

图7-19　关于问题8对两个课程的评价分布

问题9：遇到类似问题时，我会比较容易回想起这一知识。

从图7-20可以看出，关于对“遇到类似问题时，是否比较容易回想起这一知识”的评价，A慕课的“非常符合”与“比较符合”占比之和高于B慕课，有较明显的差距，说明学A慕课的学生对该知识点的掌握程度和理解更深，能更好地将该知识点延伸到其他问题上，A慕课的评价显著好于B慕课。

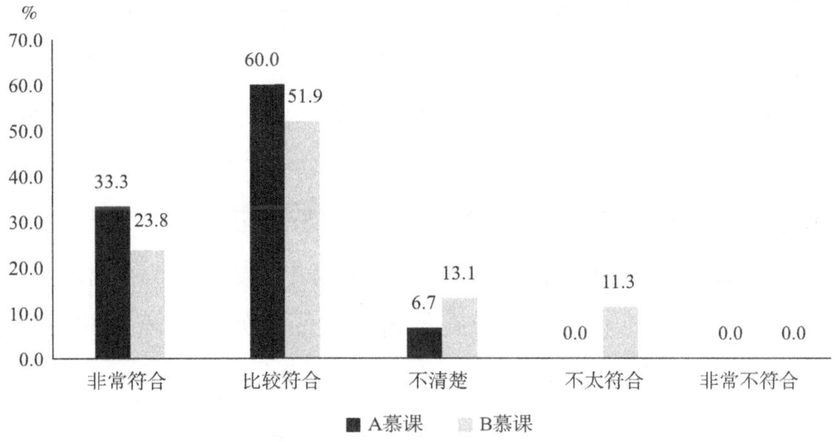

图 7-20　关于问题 9 对两个课程的评价分布

问题 10：我知道应该在什么样的情况下使用这一知识去解决新的问题。

从图 7-21 可以看出，关于对“是否清楚该知识点在何种情况下应用”的评价，A、B 慕课的“非常符合”与“比较符合”占比之和分别为 92.6%、66.3%，差距较大。对于“不太符合”和“非常不符合”，B 慕课的评价占比之和为 15.6%，A 慕课的评价占比之和为 0.7%，说明一部分学生在上完 B 慕课后只理解了知识点但没有学会运用，所以出现并不清楚应在什么情况下运用该知识点的情况。在该题目中，学生对 A 慕课好评率显著高于 B 慕课。

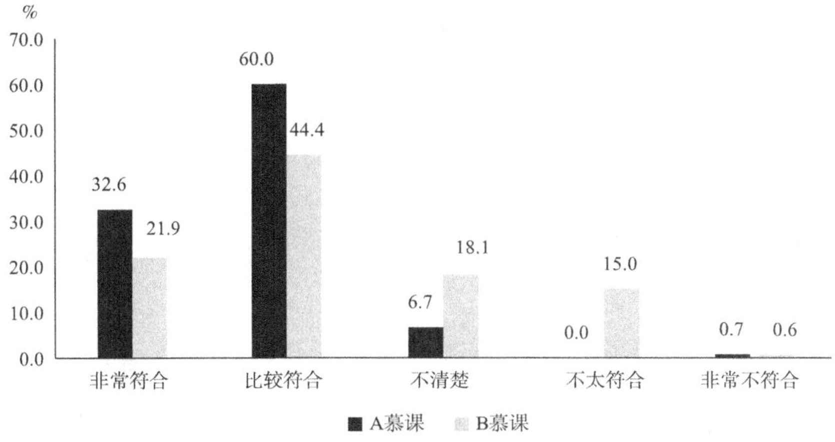

图 7-21　关于问题 10 对两个课程的评价分布

问题 11：该慕课课程使我知道了这一知识能够应用于何种情境。

从图 7-22 可以看出，关于对“该课程能应用于何种情境”的评价，A 慕课和 B 慕课的“非常符合”与“比较符合”占比之和分别为 96.3% 和 66.3%，有一定差距；对于“不清楚”“不太符合”和“非常不符合”三个选项，B 慕课的评价占比之和为 23.8%，由此看出近 1/4 的学生在上完 B 慕课后，仍不清楚在何种情景下运用该知识点解决问题，说明 B 慕课在教授学生运用知识点的方面还有待加强。在促进学生了解知识在未来的应用情境方面，A 慕课的评价显著好于 B 慕课。

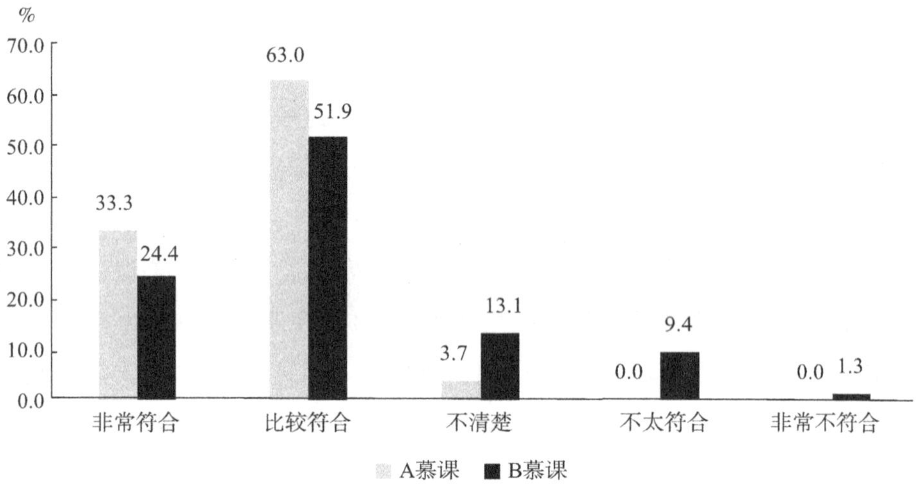

图 7-22　关于问题 11 对两个课程的评价分布

7.6　本章结论

本章采用教学对比实验的方法，选取四个班级，分成两组实验班和对照班，开展了教学实验、问卷调查、迁移测试和课程评价，对慕课中促进迁移的教学策略的迁移效果进行了实证测试和回归分析。本书查阅了全部样本学生上学期的大学数学期末考试成绩，作为数学学科基础数据。在前测中，用自编的“大学生数学迁移能力调查问卷”对样本实验学生进行了问卷调查，将调查结果作为数学迁移能力数据；与三位数学教授联合研究制定了迁移测试题，在实验班和对照班学习不同的慕课课程后，分别进行迁移测试，获得了迁移测试成绩。

研究采用了描述性统计分析、独立样本 t 检验和建立线性回归模型的方法进行量化研究分析。首先，对数据进行描述性统计分析，通过数据的柱状图和表格描述来观察和分析两个独立样本在迁移测试成绩、学科基础和迁移能力方面所呈现的特征。其次，开展独立样本 t 检验，对实验班和对照班的数据进行差异化分析。为进一步研究影响最终迁移测试成绩的因素，本书对数据开展了线性回归分析，建立了三个模型，将迁移测试成绩作为被解释变量，是否采用迁移策略的不同慕课课程作为解释变量，学科基础、迁移能力作为控制变量来分析迁移策略对迁移测试成绩的影响。

从迁移测验成绩来看，A 班的迁移测试成绩高于 B 班，且差异显著。通过样本一和样本二的回归分析结果可以看出，不同慕课课程对于测验成绩具有显著的影响，尤其是在两个样本中，数学学科基础差的班级，在学习了 A 慕课后，成绩显著高于学习 B 慕课的班级，结果具有更强的说服力，即学生所学课程是否采用迁移策略对迁移测试成绩具有重要影响。在加入数学学科基础、迁移能力影响因素后，不同慕课课程仍然是最为显著的变量。综合来看，虽然样本二的学生与样本一的测试学生存在差异，但两个样本分析的结论一致，即无论是否加入学生的数学学科基础、迁移能力作为控制变量，采用迁移策略都是影响学生迁移测试成绩的显著变量，使用了迁移策略的慕课课程与学生迁移测试的成绩呈显著正相关。

同时，被试对采用了迁移策略的课程在迁移感受度方面评价较高，且差异在统计上显著。通过学生的评价分析，加入迁移策略的慕课课程在促进学生对新旧知识的联结、新知识的深度学习理解和未来新情境的应用的学习感受更优。总体来看，是否在慕课课程中采用了促进知识迁移的教学策略，对于学生迁移测试成绩具有统计显著的影响，促进迁移的教学策略在慕课学习中对学生知识迁移水平的提升具有重要作用。

第 8 章　结论与展望

8.1　研究结论

慕课的发展加速了优质高等教育的全球化。当前，人们对慕课教学设计关注的视域不再仅仅局限于知识授递层面，而将目光投射到关注学生的知识迁移和问题解决能力的培养上。近年来，对学习科学的关注度越来越高，慕课中促进知识迁移的研究也势必要和学习科学紧密结合，浸入网络学习环境，改进慕课教学策略，成为当前提升慕课促进知识迁移水平的重要命题。面向促进慕课中的知识迁移，本书以知识迁移的认知过程分析为切入点，基于现代教育理论、迁移理论与深度学习理论等构建了慕课中促进知识迁移的教学要素框架，提出了若干具体教学策略，结合具体慕课案例开展了应用分析，并通过对比实验班的实证研究，检验了教学策略促进慕课知识迁移的有效性。本书的结论主要体现在以下方面：

第一，知识迁移的本质是基于“学习”过程的，促进知识迁移应当以“学生学习”为中心，建立在“学习科学”基础上。

促进知识迁移的研究要建立在学习科学所提供的经过实证研究验证的理论基础上，将“人是如何学习的、迁移是如何发生的”作为起点来探究知识迁移的内在逻辑。本书在前人理论研究的基础上，形成了知识迁移研究的三个基本认识：①知识迁移的本质是基于“学习”过程的，对迁移的研究应建立在学习科学基础上；②促进知识迁移应当以“学生学习”为中心；③要分析与把握以迁移为目的的学习所具有的特征。一是研究“如何开展教学”要基于“如何开展学习”的理论，学习科学是关于人如何学习的科学研究，是学习理论、教育心理学、认知心理学、脑科学研究的延伸。应用学习科学是运用“人是如何开展学习”的知识，去开发有效的教学方法来帮助人们学习。二是美国近年来开展的以学生为中心（CS）的本科教学改革有四大基础：了解大脑、了解学生、了解认知、了解学习。知识迁移的研究正是基于学生的大脑、基于认知和学习的基本规律，基于“学生的学习”本身的探究，这个本质契合了“以学生为中心”的思想。慕课中促进知识迁移的研究要明确“以学生学习为中心”的原则。三是分析与把握以迁移为目的的学习具有的特征，有助于明确促进迁移教学策略的作用导向。本书认为，以迁移为目的的学习着眼于未来对知识的提取、激活、应用，它与深度学习具有相同的价值取向和内在逻辑，这种学习不是机械学习，而是有意义学习；不是以“教”为中心的被动接受知识，而是以“学”为中心对知识主动加工的过程；不是面向低阶思维的学习，而是面向高阶思维的培养；对知识的掌握不是浅尝辄止的，而是提炼知识本质、进行深度加工的认知过程；头脑中储存的不是孤立的知识，而是联结丰富、组织合理、体系化结构化的知识；不是脱离于情境的抽象知识的学习，而是融合于情境中并富于情境变化、有利于学生识别应用情境特征的学习；知识迁移的目标不是储存“惰性知识”，而是能够恰当激活并提取运用的知识。一言以蔽之，以迁移为目的的学习应当是着眼于未来应用的深度学习、有意义学习、反思性学习、情境性学习、深加工认知、结构化存储、概括知识本质、培养高阶思维、面向问题解决的学习。

第二，迁移认知过程是一个有机系统，包含迁移导向、知识获得、知识提取应用、外部情境、内部监控等相互影响、相互作用的因素。

慕课中教学策略的设计和选择，必须符合人的学习规律。而知识迁移的内在认知过程就是慕课中教学策略研究的内在规律，是迁移产生的心理学基础。本书基于对国内外学习理论的分析，借鉴学习内在认知过程的教育心理学研究成果，分析提出了迁移这一有机过程的内在机制。综合考虑知识迁移与学习过程之间的关系，提出知识迁移是嵌入在学习过程中的，以迁移为导向的一个完整的知识输入与输出过程，这个过程既符合一般学习的认知加工原理，又凸显出认知加工过程中的迁移导向，同时还必须考虑情境和元认知这两个重要的内外部条件。因此，本书提出应分别着眼于迁移导向、知识获得（知识输入）、知识提取及应用（知识输出）、外部情境影响、内部元认知监控五个视角，将迁移认知过程看作一个有机系统来分析和研究。

第三，着眼于“教学”角度促进迁移，慕课课程需要从与迁移认知过程相对应的多个教学要素角度发力，协同促进。

从迁移认知过程出发，本书构建了由“目的、组织、情境、心向、提取、应用”六要素组成的促进知识迁移的教学要素框架。通过对知识迁移的认知过程和内在机制的探析，认为知识迁移的发生应重点关注目标导向、知识输入、知识输出、外部情境和内部监控几个方面。与此相对应，在教学过程中，应有针对性地安排促进知识迁移的教学策略，层层递进，环环相扣，把握知识迁移过程中每个关键点对应的教学要素，由教育者向促进迁移的方向去进行教学设计，安排教学策略。教学过程中作用于知识迁移效果的因素从迁移的起始点“目标”到落脚点“应用”，贯穿在学习的输入、输出全过程中。

第一个要素是目的，即以实现迁移为目的，明确目标是第一位的，这决定了教学过程以知识迁移为导向进行顶层设计和动机激发，这是促进知识迁移教学的逻辑起点。第二个要素是组织，组织对应着知识加工、获得和内化的过程，利于迁移的组织过程是通过合理组织教学材料和教学过程来优化学习者的认知结构、深刻提炼知识本质。第三个要素是情境。在先前情境中学习，在后面的新情境中迁移，迁移产生于对先后情境的正确辨认与判断，“情境”要素的主旨是促进学习者识别前后应用情境，丰富情境认知和知识建构。第四个要素是心向。促进以迁移为目的的学习应当充分发挥学生的元认知监控作用，建立积极的迁移心向。第五个要素是提取，利于知识迁移的教学应当丰富提取知识的线索，促进激活提取知识。第六个要素是应用，即要在新情境下应用知识、解决问题，“应用”要素的主旨是强化知识应用，促进解决新的问题，这是促进迁移的落脚点。这六个要素构成了一个逻辑体系，即以迁移目的为出发点，在知识获得过程中进行有机组织，注重情境和心向影响，最后以知识的有效提取和迁移应用为落脚点。六个要素有着明确的逻辑关联，又系统性地发挥作用，共同作用于促进迁移产生的过程。

第四，结合慕课特点，应从明确迁移目标、促进有机组织、促进情境认知、促进心向建立、促进激活提取和促进迁移应用等方面采取一系列具体教学策略。

促进慕课中的知识迁移是一个复杂的实践问题，必须把握知识迁移的规律和慕课的特点，采取相应教学策略来促进迁移目标实现。研究认为，慕课具有师生分离、在线学习、多媒体呈现、短视频教学、大规模、开放以及具有完整课程的学习、讨论、作业、考试要素等特征，要从促进迁移的教学要素框架出发，围绕促进迁移发生的六个方面教学要素，分别从明确迁移目标、促进有机组织、促进情境认知、促进心向建立、促进激活提取和促进迁移应用六个方面采用系列教学策略以促进慕课中知识迁移的发生。

在明确迁移目标方面，提出采取阐明迁移目标策略和激发迁移动机策略，确立迁移的导向。在促进有机组织方面，应促进学习者头脑中知识的概括化、意义联结和知识内化，结合慕课师生分离和多媒体学习的特点；在“知识的呈现与注意”方面，可采用多维度表征策略、突出关键信息策略；在“知识的加工与整合”方面，可采用深加工材料、概念图策略、提炼内核策略。在促进情境认知方面，应加强学生对知识应用背景的把握和应用情境的认知，可以运用抛锚策略、认知学徒制策略、多元情境策略和仿真策略。在促进心向建立方面，可结合慕课的师生分离、学习时间自由、学习内容碎片化等特点，特别关注学生元认知能力的培养和迁移意识的激发，采取教学策略引导学习者对自己的学习情况以及完成学习目标的程度进行反思和评价，通过交互强化迁移意识，适当选择适时提问策略、交互反馈策略和元认知策略。在促进激活提取方面，可在慕课中采用明确可用条件策略、丰富联结策略和提取练习策略。在促进迁移应用方面，要让学生在慕课学习中意识到该知识的不同应用场景，为面向未来的知识迁移做好准备，可采用正反例策略、变式策略、深度练习策略等。

针对以上策略在慕课实践中的有效性探究，本书采取案例研究法，在当前我国最为主流的中国大学 MOOC 平台上，选取注册量多、学习效果好、学生评价好的慕课课程作为研究对象；同时，将教授同一知识点的学生评价相对较低的慕课课程作为对比研究对象，从平台的上千门慕课课程中遴选出符合上述标准的几十门课程作为实践案例分析样本，通过深入比较和分析这些样本，提取了注册学习人数、学习者评价分数、学习者评价文本等数据作为研究内容，发现使用了迁移策略和未使用迁移策略的慕课课程样本，学生对学习效果的认同度和评价结果差距显著。在同一个知识点的慕课教学中，采用迁移教学策略的课程比未采用教学策略的课程获得的学习者评分更高，学习者评论区的评论文本在知识迁移性的评价方面也更具有正向性。

第五，根据实证研究结果，慕课教学策略、学习者学科基础和迁移能力都是与迁移结果正相关的因素，慕课教学策略是影响知识迁移的最显著因素。

本书通过量化研究方法开展了两轮慕课迁移的对比班实验，通过教学实验、迁移测试、问卷调查、评价分析等研究，经过数据统计与回归分析，发现将迁移测试成绩作为被解释变量，是否采用迁移策略的不同慕课课程作为解释变量，学科基础、迁移能力作为控制变量的回归结果显示，慕课课程是否含有促进迁移的教学策略对于迁移测试成绩具有显著的影响。在考虑学科基础、迁移能力这两个控制变量的情况下，慕课教学策略仍然是最为显著的变量。根据对 441 名样本学生的评价来看，学生对含有迁移策略的慕课课程在迁移感受度方面评价较高，且差异在统计上显著。研究结果表明，是否在慕课课程中采用了促进知识迁移的教学策略，对于学生迁移测试成绩具有显著影响，促进迁移的教学策略在慕课学习中对学生知识迁移水平的提升具有重要作用。

8.2 应用前景

本书通过理论层面和实证层面的研究，分析了知识迁移发生的内部认知过程及产生机制，构建了慕课中促进知识迁移的教学要素框架，并对上述迁移认知过程和教学要素框架进行了理论阐释。在此基础上对每一个要素提出了若干具体教学策略，结合慕课案例进行了阐述和应用分析，并对慕课中教学策略的影响作用进行了验证。研究的理论成果和实证结果对慕课课程的设计制作、慕课教育质量的评价与管理、慕课的教学实践与改进等方面具有启示作用，并为慕课的设计制作者、慕课教育者以及慕课管理评价部门提供了一定的参考和借鉴。本书主要有以下三方面应用前景：

第一，本书为慕课课程设计制作者提供了促进迁移的顶层设计的基本思路。慕课不同于传统教育和网络直播课程，教师不能通过线下面授、线上直播来实现对学习者的实时把控，而是通过慕课的设计制作，把迁移思想提前渗透在教学视频、拓展材料、课后测试、作业论坛等慕课教学资源中，在教学资源中体现引导迁移的教育理念与方法。本书对慕课环境下知识迁移的理念、方法、过程、影响因素的理论梳理、挖掘与剖析有助于慕课课程设计制作者把握知识迁移的产生机制和教学要素，并在慕课课程的设计和制作过程中完善促进知识迁移的系统设计。

第二，本书为慕课教师提供了促进迁移教学策略的实践参考。本书提出了慕课中促进知识迁移可借鉴的教学要素框架及教学策略体系，为慕课教育工作者的教育实践提供了路径参考和策略支持。本书分析提出的六个方面教学要素和若干条教学策略构成了一个促进知识迁移的策略体系，慕课教师可根据教育内容、教育目标和教育对象的具体情况进行选择运用。在慕课设计制作和教学实践中，要注意根据学科特点有针对性地选取不同的教学策略。这些策略构成了立体联结的体系，每一个策略又对应着迁移机制的一个着力点，在同一门课程中可以多个策略融合使用，也可个别策略单独使用，应注意根据所授课程的特点和具体知识点的性质选用策略。如何将教学策略与慕课情境进行结合，发挥慕课优势，实现迁移目标，应该是慕课教学设计中至关重要的一环，也是慕课走向成熟的必经之路。

第三，本书为慕课管理评价部门开展慕课评价提供了理论启示与指标参考。关于慕课的质量评价，以往国内外教育机构和研究者形成了一些从不同角度出发的评价体系，包括慕课平台角度、慕课传播效果角度、慕课实践性的角度和将原有在线课程的评价规范迁移到慕课领域的角度。但是，从知识迁移角度对慕课的评价研究还较为匮乏。本书深入探讨提出知识迁移认知过程的机制模型、促进迁移的教学六要素框架、慕课中促进知识迁移的若干策略以及实证研究的结论都为教育管理部门对慕课进行知识迁移效果的评价和考量提供了理论参考和实践路径借鉴。

参考文献

[1] ALEXANDER R. Learning mathematics from worked-out examples: analyzing and fostering self-explanations [J]. European journal of psychology of education, 1999, 14 (4).

[2] A near-reality approach to improve the e-learning open courseware [J]. Journal of educational technology & society, 2013, 16 (4).

[3] BASSOK M. Transfer of domain-specific problem-solving procedures [J]. Journal of experimental psychology: learning, memory, and cognition, 1990, 16 (3).

[4] BRANSFORD J D, BROWN A L, COCKING R R. How people learn: mind, brain, school and experience [M]. Washington, DC: National Academy Press, 1999.

[5] CHRISTOPHER G B, RÜDIGER R, SANGTAE H, et al. Individualization for education at scale: MIIC design and preliminary evaluation [J]. TLT, 2015, 8 (1).

[6] CORMIER D, SIEMENS G. The open course: through the open door-open course as research, learning and engagement [J]. Educate review, 2010 (8): 31.

[7] WERTHEIMER M. Productive thinking [M]. New York: Harper & Row, 1945: 39-66.

[8] DRIVER R, OLDHAM V. A constuctvist approach to curriculum development in science [J]. Studies in science education, 1986 (3): 105-122.

[9] FLAVELL J H, DICKSON W P. Children's oral communication skill [M]. New York: Academic Press, 1981.

[10] FLAVELL J H. Metacognition and cognitive monitoring: a new area of cognitive-developmental inquiry [J]. American psychologist, 1979, 34 (10).

[11] GICK M L, HOLYOAK K J. Schema induction and analogical transfer [J]. Cognitive psyhology, 1983, 15 (1): 1-38.

[12] HARLOW, F H. The formation of learning sets [J]. Psychological review, 1949 (56): 68-81.

[13] HATAKKA M. Build it and they will come? Inhibiting factors for reuse of open content in developing countries [J]. The electronic journal of information systems in developing countries, 2013 (5): 16.

[14] HWANG W Y, HSU J J, SHADIEV R, et al. Employing self-assessment, journaling, and peer sharing to enhance learning from an online course [J]. Journal of computing in higher education, 2015, 27 (2): 114-133.

[15] TYSON L M. V G J H. A multi dimensional framework for interpreting conceptual chance events in classroom [J]. Science education, 1997, 81 (4): 33-39.

[16] JON B. MOOC rampant [J]. Distance education, 2013, 34 (3).

[17] JON B. MOOCS: digesting the facts [J]. Distance education, 2014, 35 (2).

[18] JOSE P M. Probing adults' conceptual understanding and transfer of learning via problem posing [J]. Journal of applied developmental psychology, 2002, 23 (1).

[19] JUDD, H C. The relation of special training to general intelligence [J]. Educational review, 1980 (36): 28-42.

[20] KHE F H, WING S C. Students' and instructors' use of massive open online courses (MOOCs): motivations and challenges [J]. Educational research review, 2014, 12.

[21] KRASILNIKOV A, SMIRNOVA A. Online social adaptation of first-year students and their academic performance [J]. Computers & education, 2017, 113 (12): 327-338.

[22] LEE S M, OH Y. The mediator role of perceived stress in the relationship between academic stress and depressive symptoms among e-learning students with visual impairments [J]. Journal of visual impairment & blindness, 2017, 111 (2): 123-134.

[23] LEE S Y. A study of Chinese students9 intention to retain in college: focusing on Chinese and Korean SNS use, social support, adjustment to college [J]. Korean journal of communication studies, 2019, 27 (1) : 33-56.

[24] LI N, MARSH V RIENTIES B. Modelling and managing learner satisfaction: use of learner feedback to enhance blended and online learning experience [J]. Decision sciences journal of innovative education, 2016, 14 (2): 216-242.

[25] NUSSBAUM J, NOVICK N. Alternative frameworks, conceptual conflict and accommodation: toward a principled teaching strategy [J]. Instnictional science, 1982, 11 (3): 183-200.

[26] PEGGY A E, TIMOTHY J N. The expert learner: strategic, self-regulated, and reflective [J]. Instructional science, 1996, 24 (1).

[27] PEGLER C, HERZBERG. Hygiene and the movtivation to reuse: towards a three-factor theory to explain motivation to share and use OER [J]. Journal of ineractive media in education, 2012 (4): 89.

[28] REED S K, BOLSTAD C A. Use of examples and procedures in problem solving [J]. Journal of experimental psychology: learning, memory, and cognition, 1991, 17 (4).

[29] RICHARD E M. The cambridge handbook of multimedia learning [M]. Cambridge: Cambridge University Press, 2014.

[30] ROBERT J S. Raising the achievement of all students: teaching for successful intelligence [J]. Educational psychology review, 2002, 14 (4).

[31] WILEY D. Open educational resources handbook for educators 1.0 [R]. 2013.

[32] ROYER J M. Theories of transfer of learning [J]. Educational psychologist, 1979: 14-19.
[33] T B. Adoption of technology in higher education: expanding the technology acceptance model [Z]. 2015.
[34] THORNDIKE E L, WOODWORTH R S. The influence of improvement in one mental function upon the efficiency of other functions. II. The estimation of magnitudes [J]. Psychological review, 1901, 8 (4).
[35] Jensen, 等. 深度学习的 7 种有力策略 [M]. 上海: 华东师范大学出版社, 2010.
[36] C. 塔奇, 索尼亚扎克勒蒂, 露西亚梅森. 从文本、视频或字幕中学习: 一项比较分析 [J]. 计算机与教育, 2021, 160.
[37] 罗伯逊. 问题解决心理学 [M]. 张奇, 等, 译. 北京: 中国轻工业出版社, 2004.
[38] 本刊编辑部.《国家信息化发展战略纲要》颁布 [J]. 中国信息化, 2017 (1): 32.
[39] 布兰思福特·约翰·D., 程可拉. 人是如何学习的: 大脑、心理、经验及学校 [M]. 上海: 华东师范大学出版社, 2002.
[40] 曹宝龙. 学习与迁移 [M]. 杭州: 浙江大学出版社, 2009.
[41] 曹贤中, 何仁生, 谢自芳. 认知弹性理论的学习迁移观及其教学含义 [J]. 现代教育技术, 2008 (1): 10-12.
[42] 陈殿兵, 杨新晓. 为未来而教, 为未来而学: 世界银行发展报告《工作性质的变革》对学校教育的述评 [J]. 现代教育科学, 2019 (10): 1-6.
[43] 陈关良, 丹戴维斯, 克劳迪娅霍夫, 等. 学习迁移: 是否发生在 MOOC 中? 函数式编程在实践中的应用调查: 第三届 (2016) ACM 学习@SCALE 会议记录 (L@S 2016), 2016 [C].
[44] 陈国权, 吴凡. 学习迁移的系统理论: PPEE 理论模型的建构和意义 [J]. 中国管理科学, 2018, 26 (9): 183-196.
[45] 陈娜. 学习的张力: 整合性学习研究 [D]. 武汉: 华中师范大学, 2019.

[46] 陈琦，等. 当代教育心理学［M］. 北京：北京师范大学出版社，2019.
[47] 陈琦. 教师培训：信息技术整合于教育的基石［J］. 北京师范大学学报（社会科学版），1997（4）：63-69.
[48] 陈晓珊. 人工智能时代重新反思教育的本质［J］. 现代教育技术，2018，28（1）：31-37.
[49] 迟毓凯. 精加工策略漫谈［J］. 职业技术教育，1998（14）：18-19.
[50] 丁玲. 认知结构与学习迁移［J］. 河南教育学院学报（哲学社会科学版），1996（2）：32-35.
[51] 董泽华. 试论迁移理论在语文综合学习中的应用［J］. 上海教育科研，2007（7）：81-82.
[52] 杜娟，李兆君，郭丽文. 促进深度学习的信息化教学设计的策略研究［J］. 电化教育研究，2013，34（10）：14-20.
[53] 段金菊. e-Learning 环境下促进深度学习的策略研究［J］. 中国电化教育，2012（5）：38-43.
[54] 冯克义. 关于学习迁移的几个问题［J］. 课程·教材·教法，1983（6）：49-51.
[55] 冯忠良，等. 教育心理学［M］. 北京：人民教育出版社，2015.
[56] 冯忠良. 关于行为规范的接受阶段：行为规范及其接受规律探索之二［J］. 中国教育学刊，1992（3）：1-6.
[57] 高文. 教学模式论［M］. 上海：上海教育出版社，2002.
[58] 郭元祥. 深度教学：促进学生素养发育的教学变革［M］. 福州：福建教育出版社，2021.
[59] 国务院关于印发“十三五”国家信息化规划的通知［J］. 中华人民共和国国务院公报，2017（2）：35-68.
[60] 韩锡斌，程璐楠，程建钢. MOOCs 的教育学视角分析与设计［J］. 电化教育研究，2014，35（1）：45-51.
[61] 胡立攀. 网络环境下学习者的元认知作用机制与提升策略研究［D］. 西安：陕西师范大学，2012.

[62] 胡卫平，张淳俊. 跨学科概念图创作能力与科学创造力的关系［J］. 心理学报，2007（4）：697-705.

[63] 胡小勇，林晓凡. 促进认知迁移的在线学习课程设计与实证研究［J］. 中国电化教育，2011（7）：78-83.

[64] 黄荣怀，刘晓琳，杜静. 教育信息化促进基础教育变革的影响因素研究［J］. 中国电化教育，2016（4）：1-6.

[65] 黄荣怀，张振虹，陈庚，等. 网上学习：学习真的发生了吗？——跨文化背景下中英网上学习的比较研究［J］. 开放教育研究，2007（6）：12-24.

[66] 基思·索耶·R.，徐晓东，杨刚，等. 剑桥学习科学手册：第2版［M］. 北京：教育科学出版社，2021.

[67] 吉多马克兰斯基，斯特凡·博雷古德，理查德·E·梅尔. 基于多重评估的沉浸式虚拟现实训练的动机和认知效益［J］. 计算机辅助学习，2019，35（6）：691-707.

[68] 纪九梅，王宇，欧阳嘉煜，等. 2018慕课发展概要与未来趋势：以Coursera、edX、学堂在线、Udacity和FutureLearn为例［J］. 中国远程教育，2019（9）：16-25.

[69] 加里，法隆. 从模拟到真实：调查青年学生的学习和从模拟到真实任务的转变［J］. 英国教育技术杂志，2020，51（3）：778-797.

[70] 教育部关于加强高等学校在线开放课程建设应用与管理的意见［J］. 中华人民共和国教育部公报，2015（6）：15-17.

[71] 教育部关于印发《教育信息化2.0行动计划》的通知［J］. 中华人民共和国教育部公报，2018（4）：118-125.

[72] 杰里米·诺克斯，肖俊洪. 慕课革命进展如何：慕课的三大变化主题［J］. 中国远程教育，2018（1）：53-62.

[73] 杰伦·范梅里恩伯尔，利斯贝特·凯斯特，盛群力，等. 四元教学设计模式（下）：综合学习环境中的多媒体学习原则［J］. 数字教育，2015，1（4）：85-90.

[74] 乐惠骁，范逸洲，贾积有，等. 优秀的慕课学习者如何学习：慕课学习行

为模式挖掘［J］. 中国电化教育，2019（2）：72-79.
［75］李成. 信息加工理论的认知策略在高一物理教学中的应用研究［D］. 上海：上海师范大学，2021.
［76］李琳琳. 立足认知结构　探究变式策略［J］. 初中生世界，2019（36）：50-51.
［77］李晓琴. 学习迁移理论在中学数学教学中的应用［J］. 教育理论与实践，2017，37（2）：60-61.
［78］李艳红，赵波，甘健侯. 基于知识地图的 MOOC 课程开发［J］. 现代教育技术，2015，25（5）：85-90.
［79］李亦菲，朱新明. 对三种认知迁移理论的述评［J］. 心理发展与教育，2001（1）：58-62.
［80］李永芬. 提取练习间接效应的发展及其影响因素［D］. 大连：辽宁师范大学，2017.
［81］梁秀玲，李鹏，陈庆飞，等. 提取学习有利于学习与记忆的认知神经基础［J］. 心理科学进展，2015，23（7）：1151-1159.
［82］林崇德. 学习与发展［M］. 北京：北京师范大学出版社，2017.
［83］刘世清，李娜. 成功 MOOC 的基本条件与应对策略［J］. 教育研究，2015，36（1）：122-127.
［84］刘伟，戚万学，宋守君. 致力于知识迁移的深度学习探究［J］. 现代教育技术，2019，29（3）：25-31.
［85］罗伯特·加涅. 学习的条件和教学论［M］. 皮连生，王映学，郑葳，等译. 上海：华东师范大学出版社，1999.
［86］玛雅·比亚利克，查尔斯·菲德尔，舒越，等. 人工智能时代的知识：致力于培养专长和学会迁移［J］. 开放教育研究，2018，24（2）：13-22.
［87］毛飞. 信息化背景下促进初中生化学知识迁移能力的策略研究［J］. 新课程（中学），2016（4）：44.
［88］毛伟，盛群力. 梅耶多媒体教学设计 10 条原则：依托媒体技术实现意义学习［J］. 现代远程教育研究，2017（1）：26-35.

[89] 梅雷亚德·尼克·朱拉·梅西尔，马克·布朗，肖俊洪. 慕课同心圈式发展：从高等教育破坏性创新向持续性创新模式的转变 [J]. 中国远程教育，2019（3）：58-68.

[90] 莫雷. 论学习迁移研究 [J]. 华南师范大学学报（社会科学版），1997（6）：50-58.

[91] 莫雷，张金桥，杨莲清. 文本阅读过程中组织策略迁移的研究 [J]. 心理科学，2001（6）：646-648.

[92] 庞岚. 基于学习迁移理论的虚拟实验设计与开发 [D]. 大庆：东北石油大学，2019.

[93] 曲佳. 情境因素对学习迁移的影响初探 [J]. 重庆工商大学学报（社会科学版），2006（4）：155-157.

[94] 曲衍立，张梅玲. 类比迁移研究综述 [J]. 心理学动态，2000（2）：50-55.

[95] 任洁. 定势对程序性知识学习迁移的影响 [J]. 心理发展与教育，1999（2）：39-43.

[96] 桑云都·瑞哈·利亚纳古纳瓦德纳，安德鲁·亚历山大·亚当斯，雪莉·安·威廉姆斯，等. MOOCs 已发表文献（2008—2012）的系统研究 [J]. 中国远程教育，2014（3）：5-16.

[97] 盛群力，等. 教学设计 [M]. 北京：高等教育出版社，2005.

[98] 斯特凡尼亚克，吉尔. 支持在现实环境中通过电子服务学习经验转移学习的系统视图 [J]. 技术趋势，2020，64（4）：561-569.

[99] 宋威，宋思成. 基于认知学徒制理论的金融工场构建 [J]. 太原城市职业技术学院学报，2017（10）：8-10.

[100] 苏姗·A，等. 聪明教学 7 原理 [M]. 上海：华东师范大学出版社，2012.

[101] 汪琼，欧阳嘉煜，纪九梅，等. 亚洲地区慕课发展五年回顾：从 2013 年至 2017 年 [J]. 中国远程教育，2019（4）：54-59.

[102] 王建中，曾娜，郑旭东. 理查德·梅耶多媒体学习的理论基础 [J]. 现代远程教育研究，2013（2）：15-24.

[103] 王文静. 情境认知与学习理论：对建构主义的发展 [J]. 全球教育展望，2005，34（4）：56-59.

[104] 王文智. 基于认知负荷理论的多媒体教学呈现原则探讨 [J]. 远程教育杂志，2009，17（2）：33-37.

[105] 王宇，罗淑芳，范逸洲，等. 2017 全球慕课发展回顾 [J]. 中国远程教育，2018（9）：53-61，80.

[106] 王煜，周文龙. 虚拟仿真技术在计算机网络实验教学中的应用 [J]. 计算机产品与流通，2020（7）：190.

[107] 武晶晶. 基于 MOOC 特点优化教学设计的探究 [J]. 临沂大学学报，2022，44（1）：26-32.

[108] 希尔克里斯托弗，邱苏珊，谢易琴. 新加坡学生特殊学术目的英语（ESAP）写作技能学习迁移调查 [J]. 学术英语杂志，2020.

[109] 肖瑞，黄碧燕，刘珊. 促进学生对知识结构化理解的教学策略 [J]. 高中数理化，2021（10）：65-66.

[110] 徐加美，彭慧. 基于迁移理论的网络课程内容组织方式研究——以《PhotoShop 图像处理》网络课程的实证研究为例 [J]. 远程教育杂志，2010，28（3）：102-106.

[111] 许欢. 国内高校在线课程建设理念演化研究 [D]. 重庆：西南大学，2019.

[112] 许欣. 基于混合式学习的课程设计与实践 [D]. 银川：宁夏大学，2018.

[113] 闫婷婷. 从奥苏贝尔认知同化理论谈高等数学教学 [J]. 通化师范学院学报，2018，39（10）：107-110.

[114] 严莉，苗浩，王玉琴. 梅耶多媒体教学设计原理的生成与架构 [J]. 现代远程教育研究，2013（4）：38-47.

[115] 姚梅林. 当代迁移研究的趋向 [J]. 心理发展与教育，2000（3）：55-58.

[116] 姚梅林. 情境理论的迁移观及其教育意义 [J]. 心理学探新，2003（4）：13-16.

[117] 姚梅林，赵敏. 动机性迁移：困境与出路 [J]. 北京师范大学学报（社会科学版），2004（3）：33-37.
[118] 叶苏兰. 精加工策略在地理渗透式教学中的应用研究 [D]. 桂林：广西师范大学，2021.
[119] 易难. 深入机制的小学科学教学对学生学习迁移影响的研究 [D]. 重庆：西南大学，2017.
[120] 袁莉，斯蒂芬·鲍威尔，马红亮. 大规模开放在线课程的国际现状分析 [J]. 开放教育研究，2013，19（3）：56-62.
[121] 约翰·巴格利，陈丽，年智英. 反思 MOOC 热潮 [J]. 开放教育研究，2014，20（1）：9-17.
[122] 张慧，张定文，黄荣怀. 智能教育时代认知负荷理论发展、应用与展望："第十一届国际认知负荷理论大会"综述 [J]. 现代远程教育研究，2018（6）：37-44.
[123] 张龙祥. 慕课教育著作权限制制度研究 [D]. 上海：上海外国语大学，2021.
[124] 张男星，孙继红，王春春，等. 我国在线高等教育发展的国际比较及推进策略 [J]. 中国高教研究，2021（1）：48-55.
[125] 张小锦，杨跃. 学习迁移现象与英语学习 [J]. 陕西师范大学学报（哲学社会科学版），2003（S2）：213-215.
[126] 张振，王琪. "中国制造 2025"视域下高职教学模式的改革与创新：基于认知学徒制的基本思想 [J]. 现代教育管理，2017（7）：101-106.
[127] 张志新，陈博，朱永海，等. 我国慕课研究的现状与问题分析 [J]. 现代教育技术，2017，27（12）：101-107.
[128] 赵弘. 小学生算术应用题多重变异样例学习的迁移效果 [D]. 大连：辽宁师范大学，2007.
[129] 赵炬明. 打开黑箱：学习与发展的科学基础（上）：美国"以学生为中心"的本科教学改革研究之二 [J]. 高等工程教育研究，2017（3）：31-52.

[130] 赵磊，吴卓平，朱泓，等. 中国慕课项目实践现状探析：基于 12 家中文慕课平台的比较研究 [J]. 电化教育研究，2017，38（9）：41-48.
[131] 赵馨蕊，周雨青. 基于模糊综合评价法的大学物理 MOOC 教学质量评价 [J]. 高等工程教育研究，2019（1）：190-195.
[132] 周谦. 革故鼎新一代宗师：刘天华先生在琵琶艺术上的贡献 [J]. 黄钟：武汉音乐学院学报，1992（4）：42-43.
[133] 朱晓敬，杨丽波. 认知学徒视角下应用技术型高校培养模式探索 [J]. 成人教育，2017，37（5）：47-50.
[134] 朱新秤，廖建锋. 百年回眸：学习迁移研究要解决的几个问题 [J]. 中山大学研究生学刊（社会科学版），2004，25（1）：142-148.

附　录

附录 1　大学生数学迁移能力调查问卷

亲爱的同学：

为了全面了解目前大学生具有的数学迁移能力的实际情况，引导学习效果提升，现在邀请您参与到本次问卷调查中。问卷仅用于课题研究，答案无对错好坏之分，敬请放心作答，请根据你的真实情况如实填写。感谢您的支持与配合！

作答时请结合问题提供的选项和自身相符程度选出最为合适的答案，问题选项包括 A 项、B 项、C 项、D 项、E 项五个。

1. 我认为数学所学知识和日常生活具有密切的相关性，掌握数学知识能够帮助解答实际问题。

A. 非常符合　B. 比较符合　C. 不清楚　D. 不太符合　E. 非常不符合

2. 我会在教师讲完一种题型之后反思其他的做法，并选出最佳解决办法。

A. 非常符合　B. 比较符合　C. 不清楚　D. 不太符合　E. 非常不符合

3. 我时常根据掌握的数学知识来解释生活现象。

A. 非常符合　B. 比较符合　C. 不清楚　D. 不太符合　E. 非常不符合

4. 我觉得数学就需要死记硬背。

A. 非常符合　B. 比较符合　C. 不清楚　D. 不太符合　E. 非常不符合

5. 我可以快速作答教师在教学过程中提出的已学过的问题，并认为其与新知识具有明显的联系。

A. 非常符合 B. 比较符合 C. 不清楚 D. 不太符合 E. 非常不符合

6. 在复习数学知识的过程中，能够想起已经有些淡忘的知识理论。

A. 非常符合 B. 比较符合 C. 不清楚 D. 不太符合 E. 非常不符合

7. 我在考试时感觉基本上可以掌握所考题目涉及的知识点。

A. 非常符合 B. 比较符合 C. 不清楚 D. 不太符合 E. 非常不符合

8. 我在解决较为复杂的问题时很难掌握基本要领。

A. 非常符合 B. 比较符合 C. 不清楚 D. 不太符合 E. 非常不符合

9. 我觉得激发学习兴趣有利于数学成绩的提升。

A. 非常符合 B. 比较符合 C. 不清楚 D. 不太符合 E. 非常不符合

10. 我能够听懂老师传授的新的知识点，但是无法做到灵活运用。

A. 非常符合 B. 比较符合 C. 不清楚 D. 不太符合 E. 非常不符合

11. 我对上课期间老师画出的框架图产生的印象更为深刻，框架图也有助于记忆。

A. 非常符合 B. 比较符合 C. 不清楚 D. 不太符合 E. 非常不符合

12. 当同一题型的问法或者是背景发生改变后，我就会无从下手。

A. 非常符合 B. 比较符合 C. 不清楚 D. 不太符合 E. 非常不符合

13. 我对数学问题解决较为感兴趣，希望经常参与到数学问题解决中。

A. 非常符合 B. 比较符合 C. 不清楚 D. 不太符合 E. 非常不符合

14. 我可以将所学内容进行组织并讲解给其他人。

A. 非常符合 B. 比较符合 C. 不清楚 D. 不太符合 E. 非常不符合

15. 做完题目后，我一般会归纳总结出问题中涉及的解题思路和方法。

A. 非常符合 B. 比较符合 C. 不清楚 D. 不太符合 E. 非常不符合

16. 当发现教学材料中的数学问题解决过程不严谨时，我会汇报给老师并提出改善措施。

A. 非常符合 B. 比较符合 C. 不清楚 D. 不太符合 E. 非常不符合

17. 交流讨论有利于我学习能力的激发。

A. 非常符合 B. 比较符合 C. 不清楚 D. 不太符合 E. 非常不符合

18. 我觉得数学知识需要先记忆后运用。

A. 非常符合　B. 比较符合　C. 不清楚　D. 不太符合　E. 非常不符合

19. 我在学习中借助于图表形式来操作，具体包括绘制概念比较图、知识框架等，并结合图表进行叙述。

A. 非常符合　B. 比较符合　C. 不清楚　D. 不太符合　E. 非常不符合

20. 面对难题我一般会查找资料或者是做笔记，以此获取到正确答案。

A. 非常符合　B. 比较符合　C. 不清楚　D. 不太符合　E. 非常不符合

21. 我会在解决较难问题后再次回归和分析，并查看是否考虑妥当。

A. 非常符合　B. 比较符合　C. 不清楚　D. 不太符合　E. 非常不符合

22. 我会在考试后将错题整理出来并进行分析。

A. 非常符合　B. 比较符合　C. 不清楚　D. 不太符合　E. 非常不符合

23. 通过数学知识的学习我会改进自己的学习方法。

A. 非常符合　B. 比较符合　C. 不清楚　D. 不太符合　E. 非常不符合

24. 我不了解所学数学知识间存在怎样的联系性。

A. 非常符合　B. 比较符合　C. 不清楚　D. 不太符合　E. 非常不符合

25. 当我的观点和其他人不同并且是错误时，我会纠正自己的错误。

A. 非常符合　B. 比较符合　C. 不清楚　D. 不太符合　E. 非常不符合

26. 在交流讨论中我的观念和他人不一致时，我会思考具体的原因。

A. 非常符合　B. 比较符合　C. 不清楚　D. 不太符合　E. 非常不符合

27. 当老师没有提出硬性要求时，我一般不会思考教材中的问题。

A. 非常符合　B. 比较符合　C. 不清楚　D. 不太符合　E. 非常不符合

28. 我会对比相近的数学定理或概念的适用范围，探究其存在的异同点。

A. 非常符合　B. 比较符合　C. 不清楚　D. 不太符合　E. 非常不符合

附录 2 慕课课程评价调查问卷

亲爱的同学：

针对刚才学习过的慕课课程，请在问题下方选择最符合你感受的选项。请根据你的真实感受如实填写，感谢你的支持与配合！

1. 学习了该慕课课程，我能意识到所讲授的知识点在生活问题中的应用价值。

A. 非常符合 B. 比较符合 C. 不清楚 D. 不太符合 E. 非常不符合

2. 该慕课能够促进我对这个知识点的深入理解。

A. 非常符合 B. 比较符合 C. 不清楚 D. 不太符合 E. 非常不符合

3. 该慕课课程组织合理，结构清晰，讲解透彻，比较吸引我。

A. 非常符合 B. 比较符合 C. 不清楚 D. 不太符合 E. 非常不符合

4. 充分运用了多媒体的动画、图片、图表等形式，对我理解知识有帮助。

A. 非常符合 B. 比较符合 C. 不清楚 D. 不太符合 E. 非常不符合

5. 学了该慕课课程，我能够联想到之前学过的知识，并在脑海中建立新旧知识之间的联系。

A. 非常符合 B. 比较符合 C. 不清楚 D. 不太符合 E. 非常不符合

6. 该慕课课程讲授的不是孤立的知识，而是融会贯通在具体情境中的知识。

A. 非常符合 B. 比较符合 C. 不清楚 D. 不太符合 E. 非常不符合

7. 学习了该慕课课程，我想在实际问题中探究如何运用这一知识去解决新的问题。

A. 非常符合 B. 比较符合 C. 不清楚 D. 不太符合 E. 非常不符合

8. 我觉得这一知识有广阔的运用空间。

A. 非常符合 B. 比较符合 C. 不清楚 D. 不太符合 E. 非常不符合

9. 遇到类似问题时，我会比较容易回想起这一知识。

A. 非常符合　B. 比较符合　C. 不清楚　D. 不太符合　E. 非常不符合

10. 我知道应该在什么样的情况下使用这一知识去解决新的问题。

A. 非常符合　B. 比较符合　C. 不清楚　D. 不太符合　E. 非常不符合

11. 该慕课课程使我知道了这一知识能够应用于何种情境。

A. 非常符合　B. 比较符合　C. 不清楚　D. 不太符合　E. 非常不符合

附录3　“中心极限定理”知识点迁移测试题

1. 某药厂断言，该厂生产的某种药品对于医治一种疾病的治愈率为 0.8，医院任取 100 个服用此药的病人，求多于 75 个人治愈的概率。

2. 新冠疫情是否流行模型。

假设当某地区的新冠疫情感染率超过 0.5%时，则认为新冠疫情已在该地区流行开来。为了满足防疫需要，在该地区随机抽取 5000 人进行检疫，结果发现感染人数不超过 10 人，问该传染病是否已在该社区流行。

3. 少数服从多数决策模型。

在进行决策时，单个人的行为称为个体决策，n 个人的按少数服从多数进行决策的行为称为集体决策。习惯上，我们认为集体决策正确的概率大于每个个体决策正确的概率，请解释该结论是否正确。

问题：设有 n 个人进行决策，每个人正确决策的概率为 $p(<1)$，根据少数服从多数的原则，若最终决策正确的概率大于每个个体做出正确决策的概率，求 p 的范围。它是否与 n 有关呢？

（提示：当 $n=3$ 时，做出正确决策的人数 $X \sim B(3, p)$，集体决策正确的概率 ${C_3}^2p^2q + {C_3}^3p^3$，其要大于个体决策的概率，即

$$ {C_3}^2p^2q + {C_3}^3p^3 > p $$

解得，$\frac{1}{2} < p$。因此，当 $p>\frac{1}{2}$时，集体决策才比个体决策更有利。那么当人数为 n 时，结果如何呢？

索　引

C

长时记忆　33

G

概念图　88
高阶思维　31
工作记忆　33

J

激活知识　58
交互反馈　106
教学策略　5
教学设计　3

M

慕课　2

Q

迁移　1
迁移机制　10
情境学习　42

R

认知负荷　19
认知过程　11
认知结构　8
认知学徒制　99

S

深度学习　4
双重编码　33

T

提取知识　60
图式　34

X

学习定势　26
学习科学　1

Y

元认知监控　56

Z

知识建构　34
重组性迁移　31
组块化　51

索 引

C

长时记忆 33

G

概念图 88
高阶思维 31
工作记忆 33

J

激活知识 58
交互反馈 106
教学策略 5
教学设计 3

M

慕课 2

Q

迁移 1
迁移机制 10
情境学习 42

R

认知负荷 19
认知过程 11
认知结构 8
认知学徒制 99

S

深度学习 4
双重编码 33

T

提取知识 60
图式 34

X

学习定势 26
学习科学 1

Y

元认知监控 56

Z

知识建构 34
重组性迁移 31
组块化 51